UNSEREN FREUNDEN UND FÖRDERERN

SCHLESWIG-HOLSTEINISCHE LANDESBRANDKASSE

PROVINZIAL-LEBENS-, UNFALL- UND HAFTPFLICHT-
VERSICHERUNGSANSTALT SCHLESWIG-HOLSTEIN

Geschichte des Geldes in Schleswig-Holstein

Von Werner Pfeiffer

Westholsteinische Verlagsanstalt Boyens & Co.
Heide in Holstein

*Buchreihe der Schleswig-Holsteinischen Landesbrandkasse und
Provinzial-Lebens-, Unfall- und Haftpflichtversicherungs-Anstalt
Schleswig-Holstein*

Wissenschaftlicher Betreuer: Prof. Dr. Ernst Schlee

Fotos: Werner Schultz, Hamburg

*Alle Münzen sind im Maßstab 1:1 (Originalgröße) abgebildet.
Die Banknoten sind nur mit der Hauptseite verkleinert
in verschiedenen Maßstäben wiedergegeben.*

ISBN 3-8042-0172-5

© Westholsteinische Verlagsanstalt Boyens & Co., Heide in Holstein, 1977
Alle Rechte vorbehalten. Nachdruck, auch auszugsweise, nur mit Genehmigung des Verlages
Herstellung: Westholsteinische Verlagsdruckerei Boyens & Co., Heide in Holstein
Printed in Germany

INHALT

Betrachtet man den allgemeinen Nutzen, so kann man nicht leugnen, daß ein vorzügliches Geld nicht bloß für den Staat, sondern für alle Bewohner vorteilhaft, geringwertiges dagegen verderblich ist. Es steht außerdem fest, daß in Ländern mit gutem Geld Künste und Gewerbe blühen und Überfluß an allen Dingen ist. Wo dagegen schlechtes Geld in Umlauf ist, beginnen Trägheit, Müßiggang und Gleichgültigkeit zu herrschen, und die Pflege des Geistes und der Künste wird vernachlässigt. Aus alledem ersieht man, daß schlechtes Geld die Trägheit fördert und der Armut der Menschen keine Hilfe bringt.

Nikolaus Kopernikus,
Gutachten über das preußische Münzwesen, 1519

Dass das Müntzweesen eine von denen stärksten Grund-Säulen und vornehmsten Stützen seye, worauf die äusserliche Wohlfarth und Glückseeligkeit eines ganzen Staats oder Landes beruhe, wird wohl niemand in Abrede stellen, dahero allerdings ohnnötig, weitläuftig und mit vielen Beweisgründen dahier auszuführen, wie viel in einem jedweden wohl eingerichteten Bürgerlichen Regiment und Verfassung an demselben und dessen ohnverfälschter Aufrechterhaltung so wohl dem Regenten als sämtlichen Einwohnern des Landes gelegen.

Die Wahrheit dieses Sazes hat bereits im Jahr 1568 der zu Lüneburg gegenwärtig gewesenen Nieder-Sächsischen Craiss-Versammlung dergestalt in die Augen geleuchtet, dass solche in dem dabey aufgerichteten Müntz-Edict besagten Punct der Münz den nächsten Plaz nach der Religion und Justiz angewiesen und nach solchen vor den wichtigsten in dem Reich teutscher Nation angesehen und ausdrücklich erkläret hat.

Joh. Chr. Hirsch,
Des Teutschen Reiches Münzarchiv, 1756

I. Vorwort

Die vorliegende Schrift entstand aus der 25jährigen Beschäftigung mit der Geldgeschichte, die der Verfasser als Begründer und Betreuer des »Münzkabinetts« des 1852 in Kiel gegründeten Bankhauses Wilh. Ahlmann, seit 1967 Filiale Kiel der Deutschen Bank, ausübte.

Der Ursprung dieses Münzkabinetts ist das 100jährige Gründungsjubiläum im Jahre 1952 gewesen; der erste Plan — rechtzeitig zum 5. 11. 1952 fertig geworden — war eine Ausstellung »100 Jahre Geld in Kiel«, in der die gesetzlichen Zahlungsmittel, d. h. Münzen und Banknoten der Zeit von 1852 bis 1952, möglichst vollständig gezeigt werden sollten. Diese erste Ausstellung war also bereits keine reine Münz-, sondern eine Geldausstellung.

Bei der Beschäftigung mit der Materie und dem Suchen nach den Gründen für Art und Aussehen der Geldzeichen wurde rasch erkannt, daß das Eingrenzen auf einen kurzen Zeitraum eine Sammlung einen Torso bleiben läßt, und Neugier und Freude an der Erweiterung und Vervollständigung geweckt. Mit viel Glück konnten größere Spezialsammlungen in den 50er Jahren erworben werden, wobei Herr Prof. Dr. Emil Waschinski, der Verfasser des einzigartigen Werks »Währung, Preisentwicklung und Kaufkraft des Geldes in Schleswig-Holstein von 1226—1864« (Text- und Tabellenband) in den ersten Jahren wichtige Ratschläge und Hinweise gab. Seine sicher größte Sammlung »Münzen des Deutschen Ordens in Preußen« wurde 1971, als Waschinski 99jährig in Rendsburg starb, dem Münzkabinett angegliedert.

Beim Ausbau zu einer geldgeschichtlichen Sammlung wurde bewußt und streng Beschränkung geübt, was bei der jahrhundertealten Geschichte des Geldes und seiner weltweiten Verbreitung eine unbedingte Notwendigkeit ist. Die Beschränkungen sind dreierlei Art:

1. *Sachlich:* Es werden nur Geldzeichen aufgenommen, d. h. Zahlungsmittel, und keine Medaillen. Der Unterschied zwischen diesen wird sehr häufig nicht beachtet, indem private Medaillen als Gedenkmünzen, Preismünzen usw. bezeichnet werden, obwohl sie keine Münzen sind, weil man mit ihnen nicht bezahlen kann.

2. *Geografisch:* Als geografischer Rahmen hat sich am zweckmäßigsten die Kreiseinteilung des alten Heiligen Römischen Reichs Deutscher Nation erwiesen, in dem Schleswig-Holstein zum Reichskreis Nr. 10 gehörte, gemeinsam mit Mecklenburg im Osten und Niedersachsen im Süden fast in den Grenzen des heutigen Bundeslandes und den in diesem Gebiet liegenden Freien Städten. Die politischen Verhältnisse in

den Herzogtümern Schleswig-Holstein, die teilweise, zeitweise sogar ganz, zu Dänemark gehörten, erfordern für den Sammlungszweck auch die Aufnahme der dänischen Geldzeichen, die über lange Zeit hinweg auch für die Schleswig-Holsteiner gesetzliche Zahlungsmittel gewesen sind.

3. *Historisch:* Die jahrtausendealte Geschichte des Geldes zwingt zur zeitlichen Beschränkung vom Beginn der Münzprägung im Lande an, d. h. ab etwa 800 n. Chr. Antike oder andere ausländische Geldzeichen als dänische werden in die Sammlung nicht aufgenommen und sind, soweit in einzelnen Exemplaren vorhanden, in einer besonderen Wanderausstellung zusammengefaßt.

Durch die Beschränkung auf das nordwestdeutsche Gebiet mit Kern Schleswig-Holstein ist es gelungen, eine große Vollständigkeit mit vielen Unika (einmalig bekannte Stücke) in der Gesamtzahl von über 8500 Münzen und vielen hundert Banknoten zu erreichen; seit Anfang 1976 steht die Sammlung unter Denkmalschutz. Die Abbildungen in diesem Büchlein sind Fotos der Originale aus der Sammlung.

Die Darstellung der schleswig-holsteinischen Geldgeschichte erhebt keinen Anspruch auf Vollständigkeit; dazu ist das Material an Geldzeichen, Schriften und Urkunden aus 1000 Jahren selbst für ein so kleines Gebiet zu groß. Sie möchte vielmehr die wichtigen und folgenschweren Entwicklungen und ihren historischen Zusammenhang in so kurzer Form zusammenfassen, daß auch ein Nichtfachmann sie verfolgen kann und mag und dadurch verstehen lernt. Dazu soll beitragen, daß sie Fremdworte nur enthält, wo sie unentbehrlich sind. Möge sie dem Leser von Nutzen sein.

II. Mittelalter

1. Die Zeit des silbernen Pfennigs (8.–13. Jahrhundert)

Die eigentliche schleswig-holsteinische Geldgeschichte beginnt mit der ersten im Lande gelegenen Münzstätte; sie lag um das Jahr 800 n. Chr., d. h. zur Zeit Kaiser Karls d. Gr., in der mittelalterlichen Handelsmetropole Haithabu an der Schlei.

Die Germanen kannten vorher keine eigene Münzprägung; die ersten Bodenfunde bestehen aus römischen Münzen, die wohl im Tauschhandel erworben oder in Kriegen erbeutet wurden und als Schmuck gedient haben mögen, ähnlich wie die noch älteren jütischen Goldbleche. Aus dem 5.–7. Jahrhundert (Völkerwanderung, Abzug der Angeln und Sachsen) gibt es keine Münzfunde im Lande. Dies liegt an der Entvölkerung, die ostwärts ansässige slawische Völkerschaften nach Westen bis zur Linie Kiel—Lauenburg (limes Saxoniae = Grenzwall Sachsens) vorrücken ließ, wodurch die Ostsee von Süden nicht mehr erreichbar wurde. Nach dem 7. Jahrhundert sind wieder Münzfunde nachweisbar, die alle von der schleswig-holsteinischen Westküste stammen und merowingische Münzen enthalten, d. h. Geldzeichen des Frankenreichs, die von den handelsbegabten Friesen über See in das Land gekommen sind. Das Abschneiden der Südküste der Ostsee hatte nämlich den gesamten Handel vom Industriegebiet Niederrhein (Glaswaren, Steingut, Wein) nach Skandinavien (Wachs = Licht, Honig = Zucker, Pelze = warme Kleidung) auf die Nord- und Ostsee verdrängt.

Dorestadt (Niederrhein)
Silb. Pfennig (Denar) ca. 800

Haithabu
Silb. Pfennig
(Halbbracteat)
ca. 900

Der Seeweg um Skagen war aber nicht nur weit, sondern vor allem für die damals kleinen Frachtschiffe wetterabhängig (nur Segeln und Rudern) und gefährdet, was bei ungünstigem Wetter (Westküste Jütlands, Jammerbucht) zu hohen Verlusten führte. Man umging deshalb das

Skagerrak auf der kürzesten Strecke Landweg zwischen Nord- und Ostsee, indem von Westen her die Eider und deren Nebenfluß Treene bis Hollingstedt auf dem Wasser benutzt wurde, hier die Schiffe an Land gesetzt und die 11 km bis Haithabu (heute Haddeby gegenüber von Schleswig an der Schlei) gezogen wurden (vielleicht auf Eichenrollen), wo sie das Wasser der Ostsee erreichten. Hier in Haithabu war zur Zeit Karls d. Gr. das Zentrum des nordeuropäischen Handels, dessen Gegenpole im Westen Dorestad am Niederrhein und im Osten Birka im Mälarsee bei Stockholm gewesen sind, wo nicht wenige der damals gängigen Münzen gefunden wurden.

In einer solchen Handelsmetropole (Haithabu ist seit 40 Jahren ein besonders wichtiger Ausgrabungs- und Forschungsplatz für mittelalterliche Stadtgeschichte) entstand naturgemäß der Bedarf an Geld. »Mercatum et moneta« war in den damals allein möglichen lateinischen Urkunden der Grund für die Verleihung des Münzrechts (Markt und Münze).

Die um 800 in Haithabu geprägten Münzen nahmen zum Vorbild die silbernen Pfennige des Frankenreichs nach dem Münzsystem Karls d. Gr., das in England noch bis 1971 gültig war. Von diesen Pfennigen galten 12 = 1 Schilling und 20 Schillinge = 1 Pfund. Mangels allgemeiner deutscher Sprache hatten sie lateinische Namen, nämlich Pfennig = denarius (Denar, von lat. deni = je 10, in Rom galten ursprünglich 10 Kupfer-Asse = 1 denarius), Schilling = solidus (erst im 13. Jahrh. in Europa ausgeprägt), Pfund = libra (nicht ausgeprägt, nur Rechnungseinheit). Reste dieser alten Namen finden wir noch heute in dem Zeichen £ = engl. Pfund, ℔ = lb für Gewichtspfund (1/2 kg) und ₰ = Pfennig (verschnörkeltes deutsches d). Warum Karl d. Gr. von dem in Arabien und dem römischen Weltreich gängigen Dezimalsystem abging und das 12 × 20-System für die Währungseinheit wählte, ist nicht sicher. Da seine Völker nicht schreiben und schriftlich rechnen konnten, wäre es sehr gut möglich, daß sie »mit den Händen rechneten« und dabei die Finger als »Linien« benutzten (3 × 4 = 12, 4 × 5 = 20). Sehr praktisch war 12 als erste Zahl, die durch 2, 3 und 4 teilbar ist.

Die Haithabu-Denare waren die allein effektiv ausgeprägten Münzen und hatten eine erhebliche Kaufkraft (ca. 7,— DM/1976). Größere Beträge wurden in Münzen oder Hacksilber, später in Barren zugewogen. Sie waren zunächst doppelseitig geprägt und wogen ca. 1 g guten Silbers.

Bald nach dieser ersten schleswig-holsteinischen Münzstätte entstand ca. 840 eine zweite in Hamburg, die wohl auch silberne Pfennige herstellte, von denen jedoch keine Exemplare für Hamburg nachzuweisen sind, sie sind »anonym«. Diese Münze wurde aber bereits 845 wegen der Einfälle der »Heiden« geschlossen und zum Erzbischof nach Bremen

12

verlegt. Die »Heiden« waren von See einfallende Wikinger oder über Land angreifende Slawen, die Hamburg plünderten.

Unser Wort Münze entstand aus dem lateinischen moneta, dem Beinamen der Göttermutter Juno moneta (monere = mahnen), die Wächterin der Moral (wie Hera in Griechenland und Fricka in Germanien). Neben ihrem Tempel lag die römische Münzstätte. Man ging also zur »moneta« (bei der Juno) und holte »monetas« (= Münzen). Genau wie vor 2000 Jahren haben wir heute für die Fabrik und ihr Erzeugnis das gleiche Wort, d. h. wir holen »Münzen« bei der »Münze«.

Die Prägetätigkeit in Haithabu aber dauerte bis in das 11. Jahrhundert; die Pfennige entarteten jedoch allmählich sowohl im Aussehen (Zeichen und Buchstaben kaum noch erkenntlich) als auch im Gewicht. Gute Münzen müssen aus »echtem Schrot und Korn« sein, was weder mit Getreide noch mit Jagd zu tun hat, sondern Begriff für richtiges Gewicht und richtigen Edelmetallgehalt ist.

»Schrötling« werden heute noch die blanken Metallplättchen genannt, aus denen die Münzen geprägt werden, und Korn war der Begriff für Feingehalt. Diesen gab man mit . . . Korn fein an — heute in $1/_{1000}$, z. B. Sterlingsilber = $^{850}/_{1000}$ fein. Von »echtem Schrot und Korn« bedeutet also »von außen und innen in Ordnung«.

Daß auch in Haithabu die Pfennige allmählich leichter geworden sind, sieht man am Durchschlagen der Prägestempel, wenn das Metall der Schrötlinge zu dünn wurde. Solche Münzen nennt man Halb-Bracteaten. Sie wurden wenig hergestellt, weil man auf keiner Seite ein klares Prägebild oder klare Schrift erkennen konnte; es war besser, dünne Schrötlinge gleich einseitig, d. h. mit nur einem Prägestempel, zu prägen mit der Folge, daß das Münzbild nur auf der Vs. (Vorderseite) richtig (erhaben = konvex), auf der Rs. (Rückseite) jedoch hohl = konkav erschien. Nach dem mittellateinischen Wort bractea = Blech nennt man solche Münzen »Bracteaten« = Geblechte.

Die Bracteaten waren ebenso silberne Pfennige wie die sonst in der fränkisch-salischen Zeit üblichen doppelseitigen, stummen regionalen Pfennige. Ihre Blütezeit fällt in die 2. Hälfte des 12. Jahrhunderts (1150 bis 1200), als die deutschen Münzmeister möglichst schöne und große Abbildungen auf ihnen darstellen wollten. Dafür brauchten sie Platz und ließen die Schrötlinge bis zu Papierdünne ausschlagen. So erreichen manche — allerdings nur in Niedersachsen und Mitteldeutschland geprägte — Bracteaten Durchmesser von über 40 mm. Sie wurden nur in Deutschland hergestellt und sind teilweise bestechende Beispiele hoher Stempelschneidekunst. Herstellungsmethode und Aufbewahrungsart sind umstritten; am wahrscheinlichsten ist Prägung auf weicher Unterlage (Leder?) und Transport in Hülsen aus Holz oder Blech. Wegen ihrer hohen Kaufkraft teilte man sie in Hälften (Hälblinge) oder selten auch in Viertel. Dies konnte leicht mit Schere oder Messer geschehen. Schon damals kam wohl auch vom alten deutschen »scherfen« oder »schärfen« der Begriff »Scherf« für den halben Pfennig auf. Dieses Wort bedeutete halbieren = in der Mitte schneiden und wird heute noch in der Jägersprache gebraucht, in der ein erlegtes Stück Wild »aufgescherft« wird, d. h. in der Bauchseitenmitte halbiert, um es auszuweiden! Luther schreibt in seiner die hochdeutsche Sprache begründenden Bibelübersetzung vom »Scherflein der Witwe«, das mehr bedeute als ein Taler des Reichen, und meint damit den halben Pfennig einer armen Frau.

Ganzer und zugehöriger halber »Löwenbracteat« von Otto, erster Herzog von Braunschweig

Bracteat mit gekröntem Stierkopf, Fürstentum Mecklenburg

Die ganz großen Bracteaten, die sehr leicht verletzlich waren und oft am Rand abbrachen, kommen in Schleswig-Holstein nicht vor; der Grund hierfür dürfte sein, daß die 2. Hälfte des 12. Jahrhunderts dem Land bedeutende politische Veränderungen brachte. Die bis zur Eider vorgedrungenen Dänen, deren Könige zeitweise auch in Haithabu hatten prägen lassen, wurden mit der Erstarkung der deutschen Kaisermacht nach Norden zurückgedrängt; 1111 belehnte Kaiser Lothar (von Supplinburg) die Grafen von Schauenburg (Schaumburg) mit Holstein, und die dann folgende Ostkolonisation Herzog Heinrichs des Löwen brachte deutsche Einwanderer wieder nach Ostholstein und später Mecklenburg. Heinrich der Löwe gründete Lübeck neu an einer besonders günstigen Stelle an der Trave/Wakenitz, wo die Stadt rasch zum Ausgangspunkt des Ostseehandels wurde. Schon damals wurde hier wegen des Geldbedarfs eine Münzstätte in Lübeck erforderlich, ähnlich wie 400 Jahre vorher in Haithabu, und prägte zunächst immer noch silberne Pfennige, allerdings äußerlich andere. Eine Münzstätte war in Lübeck bis 1801 tätig, anfangs unter dem Bischof von Lübeck und dem Kaiser, später als Münze der Freien und Hansestadt.

1181 wurde Heinrich der Löwe gestürzt. In Hamburg begann nun Graf Adolf III. von Schauenburg eine eigene Münzprägung in Gestalt von Bracteaten, die anfangs eine Darstellung des Herzogs, später eine Burg- oder Stadtansicht mit 3 Türmen zeigten. Dieses Münzbild wurde auch während der dänischen Besetzung von 1201–1225 beibehalten.

Zur gleichen Zeit prägte man in Lübeck Bracteaten hoher Qualität, die aber stets einen Kaiserkopf tragen. Lübeck legte auch in späterer Zeit stets Wert darauf, sich in der Umschrift auf seinen Münzen als »civitas imperialis« (Kaiserliche Stadt) zu bezeichnen, während Hamburg nur

Bracteat	Bracteat	Bracteat
Adolf III.	*Burgansicht*	*Kaiserdarstellung*
v. Schauenburg	*Münzstätte Hambg.*	*Münzstätte Lübeck*
Münzstätte Hambg.		

als »civitas hamburgensis« (Hamburgische Stadt) erscheint. In der kaiserlichen Stadt Lübeck gab es keinen Einfluß von Territorialfürsten; in Hamburg wandelten die Schauenburger Grafen das Münzbild in eine torartige Darstellung ab und setzten ab 1250 ihr Wappen in das Tor. Dieses Wappen war das Nesselblatt, wie es noch heute im Wappen des Bundeslandes Schleswig-Holstein für den Landesteil Holstein enthalten ist.

Und hier liegen nun für die Herzogtümer die Anfänge eines der Probleme der Geldgeschichte, das uns bis heute mit Ausnahme stabiler Zwischenzeiten erhalten blieb, die Geldwertverschlechterung durch Politik. Da die Grafen den Silbergehalt ihrer Pfennige dauernd zu ihrem Vorteil verringerten, gerieten sie in Gegensatz zur Wirtschaft, d. h. damals den Kaufleuten, die eine stabile Währung bei den damaligen langen Reisezeiten benötigten und deshalb verlangten. Sie wollten Pfennige nach echtem Schrot und Korn, d. h. nach gleichbleibendem Gewicht und Silbergehalt (später in Braunschweig »ewige Pfennige« genannt), während die Fürsten, um zu verdienen, die Münzen »verriefen«, d. h. öffentlich bekanntmachen ließen, daß die bisher gültigen von einem bestimmten Termin an (meist Jahresanfang) durch neue, anders aussehende ersetzt würden. Diese neuen waren dann leichter im Gewicht oder Feingehalt als die alten; aus der Menge der abgelieferten alten konnten der Verringerung entsprechend mehr neue geprägt und ein entsprechender Gewinn erzielt werden. Durch häufiges »Verrufen« wurde das Münzrecht mißbraucht. Heute würden wir das zweckmäßig nennen: »Permanente Währungsreform zum Vorteil der Politiker (Staat und Tarifpartner) auf Kosten der Allgemeinheit«. Ein Schlaglicht auf diese Methode und den Beweis für die Richtigkeit obiger

Darstellung liefert die Satzung des Deutschen Ordens in Preußen, der 1226, also zur gleichen Zeit, vom Herzog Konrad von Masowien an die Weichsel gerufen wurde, weil dieser sich der heidnischen Preußen nicht allein erwehren konnte. In dieser Satzung wird festgelegt, daß die Pfennige nur höchstens alle 10 Jahre verrufen werden durften und daß, wenn dies geschah, mindestens 12 neue für 14 alte Pfennige vom Ordenstressler (Finanzminister) gegeben werden mußten. Wenn man diese Minderzahl, verteilt auf 10 Jahre, nachrechnet, dann ergibt sich ein Verlust von 1,5 % im Jahr, was beinahe den heute üblichen Vermögensteuersätzen entspricht — nach 750 Jahren. Das Ergebnis dieser klaren und jeden Mißbrauch ausschließenden Vorschrift war eine stabile Währung im Ordensgebiet; sein Geld war so angesehen, daß es in den Nachbargebieten gern angenommen wurde. Deshalb kommen die Ordenspfennige, später Ordensschillinge, in polnischen Münzfunden oft häufiger vor als die Landesmünzen.

Die Münzverschlechterung durch die Schauenburgischen Grafen in ihrer Münzstätte in Hamburg war keine Ausnahme; aber der Widerstand der Wirtschaft gegen diesen Mißbrauch wuchs um so mehr, als wegen Schwäche der Reichsgewalt durch Streit Kaiser—Papst und die kaiserlose, schreckliche Zeit (Interregnum) auf wirksame Abhilfe nicht zu hoffen war. 1293 pachtete Hamburg die Münzstätte, um sich eine unabhängige Währung zu schaffen, und kaufte sie schließlich 1325 dem Grafen ab.

Silberner Hohlpfennig mit Nesselblatt
(Hamburg oder Holstein)

Die beiden eben genannten Jahre fallen bereits in die Hansezeit, die durch das Aufkommen des Fernhandels einen neuen Abschnitt in der schleswig-holsteinischen Geldgeschichte einleitet. Die bisherigen Pfennige wurden zwar weitergeprägt, aber kleiner und einfacher, gröber als die künstlerisch hochwertigen Bracteaten des 12. und 13. Jahrhunderts. Man bezeichnet sie als Hohlpfennige; mangels Schrift ist ihr Herkunftsort fast immer — auch in den übrigen Gebieten — nicht zu bestimmen. Lediglich wenn als Münzbild ein Nesselblatt erscheint, kann man annehmen, daß es sich um holsteinische oder hamburgische handelt.

Außer den Hohlpfennigen wurden nach Art der Bracteaten vom 14. Jahrhundert an in Lübeck und Hamburg auch Doppelpfennige hergestellt, die Blafferte genannt sind. Die Herkunft dieses Wortes ist zweifelhaft; es könnte vom französischen blafard = hell, bleich abgeleitet sein; in Süddeutschland hieß aber Blaffert oder Plappert ein halber Groschen.

Diese 2-Pfennig-Stücke sind bei gleicher Metalldicke etwa doppelt so groß wie die Hohlpfennige, haben einen Strahlenrand und deutliche Wappendarstellungen im Mittelfeld, für Lübeck einen Doppelkopf-Adler, für Hamburg Stadtburg und Nesselblatt.

Hohler Blaffert
Lübeck, um 1400

Hohler Blaffert
Hamburg, um 1400

Der Beginn des hansischen Fernhandels mit leistungsfähigen Schiffen hatte aber die Folge, daß Pfennige allein für den Geldverkehr nicht mehr ausreichten. Es entstand der Bedarf an doppelseitigen Mehr-fach-Pfennigen, den der Hansebund in großem Umfang durch Prägen von »Witten« zu befriedigen suchte. Das Wort, abgeleitet von platt-deutsch witt = weiß, sollte klarstellen, daß es sich um eine gute Münze aus weißem, d. h. hochwertigem Silber handelte, wohl im Gegensatz zu z. B. süddeutschen Rappen, d. s. Pfennige aus Schwarzsilber. Heute be-nutzen wir diese Farbbezeichnung nur noch für ein schwarzes Pferd.

Witten (4 Pfg.), Lübeck, um 1400   *Witten (4 Pfg.), Hamburg,*
                                              um 1400

Die Hansewitten hatten den Wert von 4 Pfennigen; ihr Metall-gewicht erlaubte wieder doppelseitige Prägung. In geringerem Umfang wurden auch 3/4- und 1/4-Witten, d. h. 3- und 1-Pfennig-Stücke, geprägt, von denen die letzteren allerdings sehr klein waren. Sie waren in ganz Nordeuropa bekannt und trugen durchweg auf einer Seite das Witten-kreuz und auf der anderen das Wappen der betreffenden Hansestadt — z. B. Moneta Lubicensis — Civitas Imperialis. Als im 14. Jahrhundert auch mehrere Städte in den Herzogtümern der Hanse beitraten, bemühten sie sich auch um das Münzrecht. So verlieh z.B. der Schauenburger Graf Johann II. im Jahre 1318 der Stadt Kiel das Münzrecht, dem die »Kieler Witten« ihre Entstehung verdanken. Um die Mitte des gleichen Jahrhunderts sind auch von Flensburg, Itzehoe, Neustadt (Elbe), Oldesloe, Rendsburg und Ripen (Ribe) Münzen nachzuweisen,

Kiel   Rendsburg   Flensburg

Witten 14. Jahrhundert

ohne daß Näheres über Verleihung von Münzrechten bekannt ist. Kiel gab seinen Witten die Umschrift: »Moneta Kilensis — Civitas Holsacie« (richtig: Holsatiae) = Kielisches Geld — Stadt Holsteins, während Rendsburg die Adjektive in der Umschrift umgekehrt anbrachte: »Civitas Rensburg — Moneta Holsasia« (?) = Stadt Rendsburg — Holsteinisches Geld.

Alle diese kleinstädtischen Münzstätten waren nur vorübergehend tätig. Oft, wie z.B. in Kiel, wurden ihre Münzen wegen zu geringen Silbergehalts verrufen. Bei Begründung der neuen Landesherrschaft 1460 im Vertrag von Ripen war keine mehr in Betrieb.

2. Die Mehrfachpfennige bis 1492

Mit Aufkommen der »Mehrfachpfennige« entstand nun ein zweites, wichtiges Problem der Geldgeschichte, das bis 1871 im ganzen Deutschen Reich und damit auch in den Herzogtümern bestanden hat. Man muß dabei bedenken, daß die Geldprägung mindestens bis in das 18. Jahrhundert ein Handwerk mit Münzmeister, Gesellen und Lehrlingen war. Im Schmelzofen der Werkstatt wurde das Metall erhitzt, dann in Zaine gegossen. So nennt man heute noch die Metallplatten, aus denen die runden Schrötlinge ausgestanzt werden. Diese Zaine mußte ein Geselle mit dem Hammer entzundern und auf einem Amboß in möglichst gleichmäßige Stärke schlagen. Bei ungleichmäßiger Dicke bekamen die aus den Zainen auszuschneidenden Schrötlinge (in den Münzstätten der Bundesrepublik »Ronden« genannt) ein ganz unterschiedliches Gewicht. Man bedenke, daß die Maschinen zur Erzielung gleichmäßiger Zaindicke erst in der 2. Hälfte des 16. Jahrhunderts in den Reichsmünz-

Mittelalterliche deutsche Münzstätte

ordnungen vorgeschrieben wurden. Die sogenannten »Reckebänke« arbeiten nach dem Walzwerkprinzip wie Heißmangeln für Wäsche. In unseren heutigen Münzstätten werden die Zaine elektrisch/hydraulisch in Sekunden auf $^1/_{10}$ mm genau gewalzt. Maschinen zum Ausstanzen der Schrötlinge gehören erst in das technische Zeitalter; Prägemaschinen, angetrieben mit Muskel- oder Wasserkraft, entstehen auch erst nach 1550 in Gestalt von Balanzier-Schnecken oder Präge-Walzen; auch die Randprägung zum Verhindern unbefugten Abfeilens des Münzrades gibt es erst nach 1700 (Rändeln, heute durch automatische Rändelmaschinen).

Die Handarbeit der Münzfertigung verursachte naturgemäß erhebliche Lohnkosten; war der Zain zur Zufriedenheit gleichmäßig gehämmert, mußten nach einer Speziallehre (je nach Größe der Münzen) möglichst viele Schrötlinge mit der Blechschere herausgeschnitten werden, die dann der Lehrling zum Münzschmied brachte und einzeln mit Vorsicht für seinen Daumen auf das »Untereisen« legen mußte. Das Untereisen mit der eingravierten Unterseite der Münze war mit einem langen Zapfen fest im »Block« eingelassen. Der Münzschmied hatte das »Obereisen« mit der eingravierten Oberseite der Münze in der linken Hand, setzte es auf den Schrötling und schlug mit Muskelkraft und dem schweren Münzhammer in der rechten Hand das Geldstück. Bei großen Münzen (etwa ab $1/2$-Taler-Größe) mußten die Schrötlinge gewärmt werden, um eine gute Prägung zu erreichen; trotzdem gab es häufig Schrötlingsrisse am Rand, d. h. die Schrötlinge platzten beim Hammerschlag an ihrer schwächsten Stelle. Wenn der Münzschmied mehrfach schlagen mußte, weil die Prägung zu schwach erschien, entstand leicht »Doppelschlag«, d. h. Münzbild und Schrift gerieten nicht genau auf die erstgeschlagene Stelle.

Erheblichem Arbeitsaufwand und größer werdenden Lohnkosten folgt, daß die Herstellung kleinerer Münzen teurer wurde als die Prägung weniger großer. Das Problem wurde um so schwerwiegender, je größere Nominale (Nennwerte) ausgeprägt wurden. Bereits bei der Wittenprägung der Hanse war es sehr viel billiger, d. h. gewinnbringender, ganze Witten zu prägen als Teilstücke.

Zum Lohnkostenproblem kam trotz fortschreitender Silberförderung und besserer Bergwerksausbeutung der schwankende, zeitweise stark ansteigende Silberpreis. Beide Gründe hatten, vor allem, wenn sie zusammentrafen, die Folge, daß die Münzprägung »zu teuer« wurde, d. h. die bisherigen Münzen im alten Feingehalt und Gewicht nicht mehr kostendeckend herzustellen waren. Um Verluste zu vermeiden, verringerte man dann Feingehalt oder Gewicht oder beides.

Wie schon oben erwähnt, strebten vor allem die Städte im Interesse von Wirtschaft und Handel danach, solche Münzverschlechterungen zu verhindern oder wenigstens in vorgeschriebenen Grenzen zu halten; sie versuchten, mit ihren Nachbarstädten Vereinbarungen über die Güte der einzelnen Münzsorten zu treffen, wie es z. B. Lübeck und Hamburg bereits 1255 taten. In Gebieten mit bedeutenden Städten wurden diese dadurch maßgebend im Geldwesen und konnten sich oft gegen die Fürsten, die in dünner besiedelten, landwirtschaftlich geprägten Gebieten schlechtes Geld prägten, durch Verträge durchsetzen. Schon damals war das dänische Geld, da in Dänemark außer wenigen geistlichen Münzherren nur der König das Münzrecht ausübte, im 14. und 15. Jahrhundert besonders schlecht.

In Lübeck hatte sich als Münzfuß die sogenannte »Zählmark« (marca denariorum) im Gegensatz zur »Mark Feinsilber« (Gewichtsmark, marca puri argenti, ca. 234 g) herausgebildet, die in 16 Schillinge à 12 Pfennige eingeteilt war. Infolge der Bedeutung Lübecks als Handelsstadt und später als Vorort (Führerin) der Hanse (bis zur Umwendung der Handelsrichtung nach Westen infolge der Entdeckung Amerikas) hatte sich die »Lübsche Mark« als Währungseinheit in ganz Norddeutschland durchgesetzt, teilweise auch im benachbarten Ausland Bedeutung errungen. Als »marca lubicensis« findet man sie auf den späteren Groß-Silberprägungen ab 1500 wieder.

Wann die ersten Witten geprägt worden sind, kann nicht mehr nachgewiesen werden. Es ist möglich, daß der Zeitpunkt mit der Verleihung von 2 Privilegien an Lübeck durch König Ludwig d. Bayern zusammenhängt, der 1339/1340 der Stadt die Prägung von Goldmünzen und von größeren Silbermünzen erlaubte. Die Herstellung geschah danach sehr rasch und nahm großen Umfang an, weil nicht nur schleswig-holsteinische, sondern später auch zahlreiche mecklenburgische und mehrere niedersächsische Städte Witten prägten, wobei ebenfalls zweifelhaft bleibt, ob es sich um rein städtische oder fürstliche Münzen handelt.

Welche Bedeutung die guten hansischen Münzen im Geldverkehr der Herzogtümer gehabt haben müssen, zeigen die Münzfunde im Lande, die fast durchweg in jener Zeit in der weitaus größeren Zahl lübische und hamburger Gepräge enthalten als solche aus Schleswig oder Holstein.

Das Aufkommen von »Mehrfach«-Pfennigen gehört jedoch in einen größeren europäischen Zusammenhang. 1266 hatte nämlich der König von Frankreich in Tours erstmalig den ganzen Schilling von 12 Pfennigen in Silber ausprägen lassen. Da man Geld in Münzform bis dahin nur als »denarius« (Pfennig) kannte, nannte man die neue große Münze »denarius grossus« von lat. grossus = dick, also »dicken Pfennig«, mit dem Zusatz »Turonensis« = aus Tours; diese 12 Pfennigstücke wurden allerorts bekannt und überall nachgeahmt. Ihr Eigenschaftswort »Dicker« (grossus) verschaffte ihnen den hochdeutschen Namen »Groschen«, plattdeutsch »Groten« (wie in Bremen noch bis 1871 der Groschen hieß).

Von England aus hatte sich der Sterling auf das Festland verbreitet, eine Pfennigmünze, die seit der Karolingerzeit ihre Güte besser bewahrt hatte; der internationale Handel läßt in Fracht- und Zollrechnungen diese Münze (abgekürzt den. sterl.) oft erscheinen. Mit der Hanse hat das Wort »Sterling« wohl kaum (»Geld der Österlinge«) zu tun, weil in Urkunden aus der Zeit, als die Hanse noch nicht bestand, z. B. Gerichtsstrafen in »stere penegas« festgesetzt worden sind. »Stere«, ein keltisches Wort, bedeutet »schwer«. Da es offenbar auch in England jüngere, leichtere Pfennige gab, wollte das Gericht jeden Zweifel über die Höhe der Geldstrafe ausschalten und erkannte auf Zahlung in schweren Pfennigen. Aus dem »stere« wurde das Hauptwort »Sterling« (Schwerling), £ Sterling ist noch heute Bezeichnung der englischen Währung. In Bremen hießen die Kupferpfennige noch bis 1871 »Schwaren« (plattdeutsch »Swaren«), und der Juwelier nennt noch heute das gute Silber »Sterling-Silber«, d. h. schweres Silber. Vielleicht sind die Sterlinge des 14. Jahrhunderts Vorbilder der hansischen Witten gewesen und hatten einen Silberwert von 4 Pfennigen; sie wurden allerdings bereits 1357 auf 3 Pfennige lübisch herabgesetzt. Die wahrscheinliche Mißdeutung »Geld der Ostleute« (Österlinge) kann durch den Gebrauch in romanischsprachigen Gebieten entstanden sein, wo der Sterling »esterlin« hieß. Das Anfangs-E ist jedoch eine Besonderheit romanischer Sprachen, die vor Worte mit Anfangs-S ein »E« setzen, ohne daß dies zum Wortstamm gehört (España = Espagne = Spanien, estrangero = étranger = strange = fremd).

Die Schwierigkeit, die um die Mitte des 14. Jahrhunderts aufgekommenen Mehrfachpfennige im Wert stabil zu halten, veranlaßte um das Jahr 1365 Verhandlungen zwischen den Hansestädten mit dem Ziel, größere Vereinbarungen über die einzelnen Münzsorten zu treffen. Es trat nämlich das dritte Problem der Geldgeschichte in unserem Raum auf, das bis heute dem Geld anhängt und lediglich Namen und Methode geändert hat. Es handelt sich hierbei darum, daß — veranlaßt durch Problem 2, Rohstoff- und Lohnkosten — Gewinn dadurch zu erzielen war, daß Münzen guter Qualität aufgekauft, eingeschmolzen und zu solchen geringerer Qualität umgeprägt wurden, wodurch man eine größere Anzahl herstellen konnte. Münzstände, die gutes Geld prägten, sahen ihr gutes Geld verschwinden; das aus ihrem Silber geprägte, aus anderen — gewinnsüchtigen und verantwortungslosen — Gegenden kommende minderwertige Geld wurde dann benutzt, weiteres gutes Geld zu kaufen, um noch mehr schlechteres daraus zu machen. In unserer heutigen Sprache heißt das »importierte Inflation«. Schon damals sprach man davon, daß »gutes Geld immer von schlechterem verdrängt« werde.

Solche Zustände zu verhindern, war der Zweck von Vereinbarungsversuchen zunächst von einigen, dann immer mehr stabilitätsbewußten Hansestädten, bei denen sich etwa 1365 die vier sogenannten »wendischen« Städte Lübeck, Hamburg, Lüneburg und Wismar zum Wendischen Münzverein zusammenschlossen. Dieser Zusammenschluß war fast 2 Jahrhunderte maßgebend für das Münzwesen in Nordeuropa und hat zeitweise sehr viel mehr Mitglieder als die 4 Gründer gehabt. In seinen Rezessen (d. h. beschlossenen Vorschriften) schrieb er Aussehen, Gewicht und Feingehalt der Münzsorten, den Silberhandel und Einschmelzverbote vor, beschloß Maßnahmen gegen Verstöße, Ausschluß von Mitgliedern usw. Er ist damit ein Vorläufer der im 16. Jahrhundert

von der Reichsgewalt für das Deutsche Reich eingeführten Reichsmünzordnungen.

Daß die Stadt Lüneburg dem Wendischen Münzverein von Anfang
an angehörte, liegt an ihrem Salzvorkommen, dessen Ausbeute im Mittelalter das Hauptkonservierungsmittel für Nahrungsmittel gewesen ist,
da es weder Konserven noch Frosterei gab. Besonders der wichtige He-
ringsfang (Schonenfahrer) erforderte wegen der damals großen Fang-

Lübeck, Sechsling
(Rezeß 1392)

Hamburg, Sechsling
(Rezeß 1468)

mengen an Hering massenweise Salz, worauf auch der Wassertransport
von Lüneburger Salz nach Lübeck (Salzstraße, Elb-Trave-Kanal) zurück-
geht.

Ab 1392 traten im Münzsystem des Wendischen Münzvereins die
Witten (4 Pfennige) gegen die Dreilinge und Sechslinge zurück, die
ihrem Namen entsprechend 3 und 6 Pfennige galten ($^1/_4$ und $^1/_2$ Schilling). Diese Namen waren in Norddeutschland so gang und gäbe, daß
noch die letzten schleswig-holsteinischen Münzen, die der Provisorischen Erhebungsregierung von 1848, die Dreilinge und Sechslinge von
1850/1851 aus Kupfer gewesen sind — nach 500 Jahren.

Um 1400 war die Wittenprägung nach hansischem Typ weit nach
Osten (Pommern) und Westen (Niederrhein) verbreitet; die nordischen
Länder Dänemark und Schweden richteten ihr Münzwesen nach dem
Wendischen Münzverein aus, weil das hansische Geld der eigenen
schlechten oder fehlenden Zahlungsmittel wegen überall umlaufsfähig
geworden war.

Die straffe Handhabung des Münzwesens in dem nunmehr großen
Geltungsbereich des Wendischen Münzvereins erkennt man u. a. in der

Vorschrift der Rezesse von 1403 und 1439, daß alle »Münzeisen« (d. h. Prägestempel) in Lübeck anzufertigen seien.

Der Rezeß von 1432 führte den ganzen Schilling zu 12 Pfennigen entsprechend dem Groschen (denarius grossus des Binnenlandes) für den Münzverein ein. Vorher hatte nur Lübeck 1365 einen schweren Schilling geprägt, den ältesten der Hanse überhaupt, der den thronen-

Lübeck, ältester Schilling (1365)

den Kaiser auf der Vorderseite zeigt und sehr selten ist. Der Bedeutung des Glaubens in der damaligen Zeit entsprechend setzten die Städte für sie typische christliche Wahlsprüche auf die jetzt zahlreich entstehenden Schillinge:

Lübeck: Crux fugat omne malum = Das Kreuz vertreibt alles Übel; *Hamburg:* Benedictus dominus deus = Gelobt der Herr Gott; *Lüneburg:* Gloria laus deo patri = Ruhm Lob dem Gott Vater.

Nur Wismar verzichtete auf einen Spruch und setzte »Civitas Magnopolensis« = Mecklenburgische Stadt auf seine Schillinge.

Schließlich wurde durch den Rezeß von 1468 auch der doppelte Schilling (24 Pfennige) als gültiges Nominal im Wendischen Münzverein eingeführt. Damit war das größte in Schleswig-Holstein umlaufende Silbergeld des Mittelalters entstanden. Für den täglichen Bargeldverkehr genügten die bisherigen Nominale, wie folgende Tabelle zeigt:

Preis für	ca. 1250	ca. 1350	ca. 1450
100 kg Roggen	36 d	50 d	72 d
0,5 kg Butter	2 d	3 d	4 d
1 Paar Stiefel	–	132 d	180 d

(d = Pfennig, davon 4 = 1 Witten, 12 = 1 Schilling)

In den Herzogtümern haben bis 1500 eigentliche Landesmünzen nur sporadisch in Gestalt der Städtemünzen existiert. Der Geldumlauf wurde von den hansischen Münzen bestritten, deren Überwachung und Wertverhältnis zum Silber durch die Hanse-Rezesse ihrer Kaufkraft zugute kamen.

Lübeck
Schilling (15. Jahrh.)

Hamburg
Schilling (15. Jahrh.)

Lübeck, Doppelschilling 1492

Hamburg, Doppelschilling 1553

Für größere Zahlungen hatte sich nach dem anfangs ausschließlichen Zuwiegen von »Mark reinen Silbers« (marca puri argenti) in Form von Barren oder Hacksilber seit dem 14. Jahrhundert die Goldmünze eingeführt, über die im nächsten Kapitel im Zusammenhang gesprochen wird.

3. Die Goldmünzen

Bis zum 14. Jahrhundert sind Zahlungsmittel aus Gold in Schleswig-Holstein nicht vorgekommen.

Die Prägung von Gold-Trienten (Triente = $^1/_3$ Gold-Solidus) hatte im südlich/westlichen Frankenreich mit den Merowingern (ca. 700 n. Chr.) aufgehört. Die jütischen Goldbracteaten sehr viel früherer Zeit mit ihren Runen- und Allegorie-Darstellungen haben wohl kaum Zahlungszwecken, sondern als Schmuck oder Amulette gedient.

Karl d. Gr. und seine Nachfolger kannten keine deutschen Goldmünzen. Erst die Kreuzzüge mit ihrer wirtschaftlich hohen Bedeutung und deren Folgen brachten das Gold des Orients nach Mitteleuropa, zunächst in Geldgestalt durch die ganzen und halben »Augustales« des bedeutendsten Staufer-Kaisers Friedrich II. (1212–1250), die ganz in Anlehnung an römische Vorbilder nur in Süditalien geprägt worden sind.

Als erste deutsche Stadt erhielt Lübeck wegen seiner wirtschaftlichen Bedeutung in den bereits erwähnten Privilegien des Königs Ludwig d. Bayern 1340 das Recht, städtische Goldmünzen zu prägen. Diese waren durch das nach Italien einströmende Kreuzzugsgeld in den italienischen Großstädten Venedig und Florenz entstanden. Die »Güldenen« (Gulden) von Florenz hießen »floreno d'oro« = Florentiner aus Gold; auf ihrer Rückseite trugen sie eine stilisierte Lilie als Wahrzeichen der Blumenstadt; ihre Abkürzung fl. wurde das banküblische Zeichen für alle europäischen Gulden und wird deshalb noch heute für den holländischen Gulden (hfl.) gebraucht, wenngleich dieser weder aus Florenz noch aus Gold, sondern aus den Niederlanden und aus Silber ist.

Die Goldmünze Venedigs gab dem Dukaten seinen Namen, der bis 1871 auch die Reichsgoldmünze des Deutschen Reichs gewesen ist und in den Reichsmünzordnungen mit einem Gewicht von 3,5 g, $^{985}/_{1000}$ fein vorgeschrieben war. Der Name erklärt sich aus der Umschrift der venezianischen Goldmünze, die auf ihrer Vorderseite Christus mit dem knienden Dogen zeigte und auf der Rückseite den Stadtheiligen St. Marcus mit dem Löwen, seinem Wappentier. Von den Umschriften (Vs.: Sit tibi, Christe, datus = es sei Dir, Christus, geweiht; Rs.: Quem tu regis, iste ducatus = das Du regierst, dieses Herzogtum) merkte sich die schreib- und leseunkundige Bevölkerung die letzten 7 Buchstaben als Zeichen der Echtheit. Ducatus wurde zum Dukat (wie advocatus zu

Advokat) — ein weiteres Beispiel dafür, daß die primitive Erklärung von Geldnamen stets wahrscheinlicher ist als die komplizierte, weit hergeholte und deshalb unwahrscheinliche, weil die Geldnamen vom »Mann auf der Straße« gebraucht wurden.

Lübeck, ältester Dukat (ab 1340)

Hamburg, Dukat (1497)

Als äußerlicher Beweis für diese Meinung mag die Prägung der ersten lübischen Goldmünzen dienen, die offenbar schon 1340 oder bald danach aufgenommen wurde. Diese Dukaten hatten auf ihrer Vorderseite die Darstellung von St. Johannes Baptista (Johannes des Täufers) als Stadtheiligen und auf der Rückseite die Lilie von Florenz, die mit Lübeck wahrlich nichts zu tun hatte, sondern lediglich die Güte der Lübecker Dukaten als gleichwertig mit den Goldmünzen von Florenz ausweisen sollte. Hamburg erhielt das Recht der Goldmünzenprägung 1435. Schleswig-holsteinische Landesgoldmünzen anderer Art gab es bis zum 16. Jahrhundert nicht, zumal landeseigene Erze fehlten. Jedoch entstand der allmählichen Verschlechterung der Silbermünzen im Laufe der Jahrhunderte entsprechend im Westen und Süden des Reiches das Streben, auch geringerwertige Goldmünzen durch Herabsetzen von Gewicht und Feingehalt aus Not oder Gewinnsucht einzuführen. Zur Herbeiführung geordneter Verhältnisse hatte sich dafür 1385 der »Rheinische Münzbund« im Westen des Reiches aus den 3 geistlichen Kurfürstentümern Köln, Trier und Mainz sowie dem Kurfürstentum Pfalz gebildet, dessen Hauptergebnis der »Rheinische Gulden« war, der in Dänemark später »Rhinsk Gylden« hieß.

Die Rheinischen Goldgulden waren anfangs nur wenig schlechter an Goldwert als die Dukaten; man versuchte andernorts, vor allem am Niederrhein, den richtigen ähnliche, aber noch schlechtere Goldgulden einzuführen, die wegen Eignung von Goldmünzen überhaupt für größere Zahlungen auch in Norddeutschland auftauchten. Um die den hansischen gleichwertigen auswärtigen Stücke zu kennzeichnen und die Bevölkerung vor Schaden durch die schlechten zu bewahren, benutzten in der 2. Hälfte des 15. Jahrhunderts sowohl Lübeck wie Hamburg das Mittel des »Gegenstempels«. Dies bestand darin, daß die frem-

Goldgulden von Lüneburg
mit Gegenstempel
Lübeck (Doppeladler)

Goldgulden von Geldern
mit Gegenstempel
Lübeck (Stadtwappen)

Hamburger Goldgulden mit Gegenstempel Nesselblatt

den, aber als gut auch im eigenen Gebiet anzuerkennenden Goldgulden einen kleinen Gegenstempel mit dem eigenen Wahrzeichen erhielten, der sie als gleichwertig kenntlich machte. Als Gegenstempel benutzte Hamburg das Schauenburgische Nesselblatt, Lübeck z. T. einen kleinen kaiserlichen Doppeladler, z. T. das zweiteilige Stadtwappen. In Münzfunden kommen solche »gegengestempelten« Goldgulden öfter vor.

Die Goldguldenprägung hörte in Norddeutschland um 1630 auf, weil in den Reichsmünzordnungen der bessere Dukat als Reichsgoldmünze vorgeschrieben wurde. Welche hohe Kaufkraft eine solche Münze hatte, zeigen die Preise in Schleswig-Holstein; ein fetter Ochse kostete um 1500 mehrere Jahrzehnte lang 3 Dukaten. Da dies heutigen (1976) ca. 2000,— DM entspricht, hatte ein Dukat damals also eine Kaufkraft von ca. 700,— DM.

Doppelte Dukaten (7 g) kamen erst nach 1600 in Gebrauch; wie vertraut man allgemein mit Aussehen und Gewicht des Geldes damals war, beweist die Tatsache, daß ein äußerliches Kennzeichen (Zahl 2 o. ä.) erst 100 Jahre später üblich wurde.

Eine für Hamburg typische, andernorts sehr wenig vorkommende Goldmünze war der Portugalöser (Portugaleser), eine große Goldmünze im Wert von 10 Dukaten (35 g), die ab 1560 auftritt und anfangs wohl als Zahlungsmittel für große Beträge benutzt wurde. Ihre Größe erlaubte Doppelkreis-Umschriften, woraus sich der Name erklärt; da diese großen Münzen nach dem Vorbild der portugiesischen 10 Cruzados geprägt wurden (1 Goldcruzado hatte etwa den Goldwert eines Dukaten), wählte man, um ihre Güte zu beweisen, als innere Kreisumschrift den Text »Nach portugalis Schrot und Korn« (Portugiese damals = Portugaleser).

Diese wertvollen Zahlungsmittel mit hoher Kaufkraft bekamen ab etwa 1600 die Eigenschaft von Medaillen, da sie nur noch als Erinnerungsstücke oder Belohnungen in geringer Anzahl von kapitalkräftigen Auftraggebern zu Repräsentationszwecken zur Prägung gegeben wur-

Hansestadt Hamburg, Goldener Portugalöser zu 10 Dukaten o. J. (ca. 1575)

Königreich Dänemark, Christian IV.
Goldener Portugalöser zu 10 Dukaten o. J. (ca. 1620)

Bistum Lübeck, Bischof Johann Adolf v. Gottorf
Goldener Portugalöser zu 10 Dukaten o. J. (ca. 1610)

Schauenburg/Pinneberg, Graf Ernst III. (1601—1622)
Goldener Portugalöser zu 10 Dukaten o. J.

Erzbistum Bremen, Erzbischof Johann-Friedrich v. Gottorf (1596—1634)
Goldener Portugalöser zu 10 Dukaten o. J.

den. Der Senat von Hamburg nennt seine zu besonderen Anlässen angefertigten großen Goldmedaillen noch bis in unsere Zeit »Portugalöser«.

In Lübeck wurden ganze und halbe Portugalöser nur in ganz geringer Zahl vom Fürstbischof Johann Adolf geprägt; die Hansestadt kennt keine; außerdem gibt es einige wenige solche Großmünzen aus Gold von den Nachbargebieten (Bremen, Dänemark, Schweden), aber keine mehr nach dem 30jährigen Krieg. Dies mag daran liegen, daß ab 1660 für größere Beträge die Zahlung in »Zetteln« begann, aus denen sich das Papiergeld entwickelt hat. Hierüber berichtet das Kapitel III., 2. »Das Papiergeld«.

So blieb der Dukat die »Reichsgoldmünze« bis 1871. Auch die Goldmünzen der schleswig-holsteinischen Herzöge und der Hansestädte waren nach seiner Einheit ganze, halbe und viertel Dukaten, in Lübeck der letzte bei Schließung der Lübecker Münze 1801, in Hamburg mit der letzten Jahreszahl 1872.

Nur in Dänemark waren zu verschiedenen Zeiten Goldmünzen nach anderen Einheiten üblich, obwohl auch dort der goldene Dukat bis zur Einführung der dänischen Dezimalwährung 1875 ein gebräuchliches Zahlungsmittel in Gold geblieben ist. Außer sporadischer Münzung von »Goldkronen« (16. Jahrh.) wurden nach dem Vorbild der ab 1700 sehr verbreiteten französischen Louisd'ore (in Preußen »Friedrichsdor«) nach der Währungsreform 1815 die dänischen »Freriks«- oder »Christians-d'ore« geprägt, die hohes Ansehen genossen.

| Lübeck | Lübeck | Hamburg |
| Dukat 1727 | letzter Dukat 1801 | Dukat 1871 |

Der letzte Abschnitt der Goldmünzen in Schleswig-Holstein beginnt mit der Gründung des Bismarckschen Deutschen Reichs 1871 und der Einführung der Dezimalwährung 1 Mark = 100 Pfennige. Zu diesem Reich gehörten die Herzogtümer als preußische Provinz Schleswig-Hol-

Dänemark, Friedrich II., Gold-
krone 1563 in Klippenform
(Unikum)

Dänemark, Friedrich V.,
Dukat 1762

Friedrich VI.
(1808–1839)
2 Frederiksdor
1827

Christian VIII.
(1840–1848)
Christiansdor
1845

Friedrich VII.
(1848–1863)
2 Frederiksdor
1853

stein, die sie 1866 nach der Auseinandersetzung Preußen–Österreich
geworden waren. Die nunmehr einheitliche Reichswährung hatte an
Goldmünzen Nominale zu 20, 10 und 5 Mark, von denen die kleinen
5-Mark-Münzen aber nur 1877 und 1878 geprägt und 1900 außer Kurs
gesetzt wurden. Dagegen waren 20- und 10-Mark-Goldstücke die
Grundlage des Zahlungsverkehrs und wurden bis zum Ausbruch des
I. Weltkriegs in Millionen-Zahlen geprägt, soweit es die großen Münzstätten betrifft. Alle Reichsmünzen hatten auf der Rückseite den ein-
heitlichen Reichsadler (bis 1889 schmale Form, ab 1890 auf Anweisung
Kaiser Wilhelms II. den »breiten Adler«). Auf der Vorderseite hatten
sie das Porträt des Landesherrn oder das Wappen der Hansestadt zu
tragen; Goldmünzen kleinerer Fürstentümer wurden oft nur in kleiner
Zahl geprägt und sind deshalb selten; die 3 im Deutschen Reich nach
1871 noch verbliebenen Hansestädte kamen in Goldmünzen vor (Ham-

Hamburg
20 Mark, 1913

Lübeck
10 Mark, 1904

Hamburg
5 Mark, 1877

burg in 20-, 10- und 5-Mark-Stücken, Bremen 20 und 10 Mark und Lübeck nur 10 Mark).

Grundlage dieser Goldprägungen war die deutsche Reichsgoldwährung, bei der der Wert der Währungseinheit Mark in Feingoldgewicht festgelegt war (1/2 kg Feingold = 1392,— Mark). Eine Goldwährung hatte vorher nur die Hansestadt Bremen mit ihrem »Taler Gold« gehabt, von dem 5 Taler Gold = 1 Louisd'or galten. Alle anderen deutschen Staaten hatten Silberwährung mit den Einheiten Taler oder Gulden. Bei dieser war vorgeschrieben, daß eine bestimmte Anzahl Einheitsmünzen ein festgesetztes Gewicht Feinsilber enthalten mußten. Hierüber Genaues in Kapitel III., 1.

Die Reichsbank (Betrieb aufgenommen am 1. 1. 1876), Vorgängerin der Deutschen Bundesbank in der Handhabung der Geldwirtschaft, war gesetzlich verpflichtet, ihre Banknoten gegen Gold einzulösen. Banknoten durfte sie nur in bestimmtem Verhältnis zum Deckungsbestand ausgeben; dieser bestand aus Gold, sonstigen gängigen deutschen Münzen und reichsbankfähigen Wechseln. Floß z. B. wegen zu hoher Inlandspreise Gold zum Bezahlen von Einfuhren in das Ausland ab, so mußte der Banknotenumlauf verringert werden und zwang durch Geldverknappung (Deflation) dazu, die Inlandspreise zu senken, eine »Automatik der Goldwährung«, die keine Rücksicht auf Beschäftigung der Arbeitskräfte und politische Folgen von Arbeitslosigkeit und Rezession nahm, aber für hohe Preisstabilität sorgte.

Mit Ausbruch des I. Weltkriegs endet die Zeit der Goldmünzen als Zahlungsmittel praktisch in der ganzen Welt. In Deutschland wurde die Goldeinlösungspflicht der Reichsbank am 4. 8. 1914 aufgehoben, eine Goldwährung kam nicht wieder, deutsche Goldmünzen gibt es seitdem nicht mehr.

III. Neuzeit

1. Vom Taler bis zum 30jährigen Krieg (1492—1648)

Das Ende des Mittelalters und die Entdeckung der Neuen Welt bedeutet auch für die schleswig-holsteinische Münzgeschichte einen wichtigen Einschnitt und den Beginn der numismatischen Neuzeit in doppelter Richtung. Einmal bewirkte die Verlagerung der Handelsströme aus der bisherigen Nord-Süd-Richtung in Europa in die Ost-West-Richtung über den Atlantik, daß der so bedeutende Handel der Hansestädte in Ost- und Nordsee zurücktrat und Lübeck seine wirtschaftliche Vormachtstellung an Hamburg abgeben mußte, andererseits fällt in die Wende des 15./16. Jahrhunderts der Beginn der sogenannten Groß-Silberprägung, d. h. der Entstehung von Silbermünzen in einer Größe, die es in Deutschland noch nicht gegeben hatte. Die Voraussetzung dafür, nämlich größere Mengen Silber, wurden teils durch Fortschritte im deutschen Bergbau in der 2. Hälfte des 15. Jahrhunderts geschaffen, noch mehr aber durch die aus der Neuen Welt allmählich eintreffenden Silberflotten der spanischen und portugiesischen Eroberer aus Amerika.

Die beschränkte und nicht genügende Prägung von Gold veranlaßte den Wunsch, eine Silbermünze zu schaffen im gleichen Wert; da der Preis von Gold damals etwa 9mal höher war als der von Silber, mußte eine solche Münze also 9mal schwerer sein als die Goldgulden, d. h. ca. 30 g.

Sigismund »der Münzreiche« von Tirol ließ 1484 — 8 Jahre vor der Landung des Kolumbus auf San Salvador (Bahama-Inseln) — aus der reichen Silberausbeute seiner Gruben die erste solche große Münze prägen und nannte sie ihrer Bestimmung entsprechend »Guldiner«.

Nachricht hiervon und Münze verbreiteten sich nach Norden; in Bremen wurde der erste Guldiner 1511 geprägt. Weltweite Verbreitung des Namens verursachten die Reichsguldiner der Grafen Schlick aus Joachimstal (Erzgebirge), die man Joachimstaler, abgekürzt Taler nannte, in Italien tallero, in den skandinavischen Ländern Daler, in Holland Daalder. Als die USA sich von der englischen Währung trennten und die Dezimalwährung (Einheit 100 cent) einführten, nannten sie diese neue Einheit nach dem Klang des plattdeutschen Doaler = Dollar.

Im Wendischen Münzverein strebte man anders; hier sollte die altbekannte und gewohnte Lübsche Mark die Währungseinheit werden. Von 1502 an wurden in den zugehörigen Städten Groß-Silbermünzen nach dem Münzfuß »Status Marce Lubicensis« als ganze, ²/₃-, ¹/₂-, ¹/₃-

Bremen, Erzbistum, Johann III., (1492–1511)
Silberner Guldiner 1511 (ältester Taler Norddeutschlands)

Lüneburg, Mark lübsch 1506

Lübeck, Mark lübsch 1549

und $^1/_4$-Markstücke geprägt, deren Äußeres so festgelegt wurde, daß die prägende Stadt ihr Wappen mit Umschrift auf die Vorderseite setzte und die Rückseite die 3 Wappen der anderen Vereinsmitgründer ins Kleeblatt gestellt mit der Wertbezeichnung (z. B. »semis« = $^1/_2$, ternarius = $^1/_3$, quadrans = $^1/_4$ marce lubicensis) zeigte.

Die Einführung solcher großen Silbermünzen verschärfte aber sehr schnell das Problem, das schon bei Aufkommen der Mehrfachpfennige im Mittelalter erwähnt worden ist: Noch leichter als damals war es jetzt, die Münzen zum Nachteil von Wirtschaft und Bevölkerung in der Legierung und/oder im Gewicht zu verschlechtern, noch wichtiger wurde die Kostenfrage — die Prägekosten der Handarbeit für viele kleine Groschen, Schillinge usw. betrugen ein Vielfaches von dem, was ein kräftiger Hammerschlag auf einen ganzen Taler-Stempel kostete. So kam es, daß zeitweise — teils aus Gewinnsucht, teils nur, um zu überleben — Kleingeld zu wenig oder überhaupt nicht geprägt wurde.

Man versuchte, solche Mißstände durch Kaiserliche Reichsmünzordnungen zu beheben (die erste erging 1524); meist wurde in diesen aber die »kleine Muntz« viel zu niedrig festgesetzt, d. h. man schrieb eine zu geringe Zahl Teilstücke für die Währungseinheit (Taler, Gulden usw.) vor. Konnte die vorgeschriebene Zahl Kleinmünzen oder Taler-Teilstücke (d. h. halbe, drittel, viertel usw. Taler) nur mit Verlust im Silbergehalt des ganzen Talers hergestellt werden, stellten die Münzstände (Fürsten und Städte) einfach keine her oder verringerten eigenmächtig Gewicht und/oder Silbergehalt, um durch mehr Teilstücke oder Kleinmünzen auf ihre Kosten zu kommen.

Natürlich war es kein Wunder, daß man als wertbeständig nur die »harten Taler«, d. h. die ganzen Taler mit dem vorgeschriebenen Silbergehalt, ansah, gegen die allein auch die Landsknechte sich verdingten. Von diesem Begriff stammt unser heutiger Begriff »harte Währung«, mit dem wir eine Landeswährung bezeichnen, die anderen gegenüber ihre Kaufkraft erhält und stabil bleibt.

Trotz mehrfacher neuer Reichsmünzordnungen im Lauf des 16. Jahrhunderts kam keine Sicherheit und Ruhe in das deutsche Münzwesen; die Lübsche Mark als Einheit wurde in ihnen überhaupt nicht erwähnt — der Kaiser war weit. So setzte sich der Taler allmählich auch im Norden Deutschlands durch und wurde zuerst in unserem Land von Friedrich I. von Dänemark noch als Herzog von Schleswig-Holstein in Gestalt des berühmten »Husum-Talers« 1522 in Husum geprägt. Lübecks erste talerartige Prägung ist ein ebenso berühmter Silbergulden von 1528, der auf der Vorderseite ein Jugendbild des Kaisers Karl V. mit Barett zeigt. Die eigentliche Lübecker Talerprägung begann 1537 mit den »Brömsentalern« (so genannt nach der Bremse, dem Wappentier des Bürgermeisters Brömse). Um 1550 hatte sich der Taler in allen Gebieten Norddeutschlands als Leitwährung durchgesetzt, so daß die Ge-

Friedrich von Holstein-Gottorf, »Husum-Taler« 1522

meinschaftsprägungen des Wendischen Münzvereins, die auch für die
Herzogtümer große Bedeutung durch 2 Jahrhunderte gehabt haben, mit
diesem Jahr aufhören.

Der große Edelmetallzustrom aus der Neuen Welt, der die Prägung
großer Silbermünzen mit hoher Kaufkraft überhaupt erst ermöglicht
hatte, zeitigte nun in Schleswig-Holstein ein neues — drittes — Problem
der Geldgeschichte, das sich an den Preisen nachweisen läßt. Unser
Land ist das einzige, für das es eine zusammengefaßte Darstellung von
»Währung, Preisentwicklung und Kaufkraft des Geldes von 1226 bis
1864« gibt, das in jahrzehntelanger Arbeit Prof. Dr. Emil Waschinski
verfaßt hat. Aus diesem Werk ergibt sich, daß der schlimmste Kauf-
kraftschwund in den Jahren 1545/1546 eingetreten ist, als plötzlich die
Nahrungsmittelpreise um fast 50 % stiegen. Ein Teil dieser Inflation
ist sicher durch die politischen Unruhen nach der Reformation (Bauern-
krieg usw.) verursacht, das meiste aber durch die eingetretene Geld-
fülle bei Einführung des Talers 1545. Es ist stets so, daß zuviel ausgabe-

Hansestadt Lübeck, Silbergulden 1528, Jugendbildnis Karl V.

Hansestadt Lübeck, Taler 1537, Altersbildnis Karl V.

bereites Geld, dem kein ausreichendes Waren- und Dienstleistungs-
angebot gegenübersteht, die Neigung zur Preissteigerung verursacht;
die Geldmenge ist »aufgeblasen« (lat. inflare = aufblasen), es entsteht
Inflation — das klarste Beispiel bei Kriegsenden, wenn den hohen Ver-
diensten keine Ware zum Kauf geboten werden kann, weil die Produktion in den Kriegsjahren für Kriegszwecke verloren und die Wirtschaft
noch nicht wieder aufgebaut ist. Man sollte eine solche Inflation besser
nicht mit dem Wort »Teuerung« bezeichnen, obwohl dieser Oberbe-
griff besagt, daß alles teurer wird. Wenn in den alten Chroniken »eine
Teuerung über das Land kam«, dann war damit gemeint, daß Natur-
gewalten Knappheit oder Mangel an Nahrungsmitteln verursacht und
dadurch die Preise in die Höhe getrieben haben.

Zum Wesen einer solchen Teuerung gehörte es aber, daß sie nach
Wegfall der Ursache, d. h. der nächsten guten Ernte, von selbst verschwand, weil die Preise auf die alte Höhe sanken.

Hansestadt Hamburg, Taler 1553

Leider gehört zum Wesen der nicht von der Natur, sondern vom Menschen verursachten Inflation, daß die gestiegenen Preise nicht wieder sinken; dabei haben Staaten mit kaufkräftiger Währung heute eine wirkliche Teuerung wegen Mißernte so gut wie nicht mehr nötig, weil Grundnahrungsmittel mit den modernen Massentransportmitteln schnell und genug aus anderen Erdteilen herbeigeschafft werden können. Mißernte auf der ganzen Erde zugleich ist bisher nicht eingetreten.

Die Fürsten im Niedersächsischen Kreis (Reichskreis 10) hatten um die Mitte des 16. Jahrhunderts alle die Talerprägung aufgenommen; besonders die Braunschweig-Lüneburgischen Herzöge waren in der Lage, zahlreiche Groß-Silbermünzen aus dem in den Harzgruben vorhandenen Silber prägen zu lassen. Sie hatten »Berge silberschwer«, deren sich auch die sächsischen Kurfürsten in Kerners Gedicht »Der reichste Fürst« rühmten.

Diese rege Prägetätigkeit ließ die Verhandlungen mit den Städten zwecks Aufrechterhaltung geordneter Geldverhältnisse das ganze Jahrhundert hindurch anhalten. Die Bestimmungen der Reichsmünzordnungen wurden nicht immer beachtet und waren bei Schwäche und Ferne der Reichsgewalt oft nicht durchzusetzen. Die Aufsicht über das Münzwesen sollten die Reichskreise ausüben. Auf deren Kreistagen mußten alle neu geprägten Münzen in Probestücken, verpackt in »Fahrbüchsen«, dem Kreiswardein (Münzaufseher des Kreises) zum »Probieren« vorgelegt werden. Dieser gab als Ergebnis der Probe bekannt, ob die Münzen von echtem Schrot und Korn waren.

Eine weitere wichtige Vorschrift der Reichsmünzordnungen war die, daß Münzstätten nicht verpachtet werden sollten, was aus dem Streben nach hohem Pachtzins ohne Verantwortung für das dann vom Münzmeister hergestellte Geld von den Fürsten versucht und heimlich praktiziert wurde. Stieg dann der Silberpreis, waren die Münzmeister gezwungen, schlechteres Geld zu machen, um nicht zu verhungern. Versuchten sie aber, in den Nachbargebieten die alten guten Taler aufkaufen zu lassen gegen ihr schlechteres Geld, dann brachten sie die Inflation in diese anderen Länder, denn schlechtes Geld verdrängt stets das gute.

Die Münzstände wurden deshalb verpflichtet, ihre Münzmeister und Gesellen nur gegen festes Gehalt einzustellen sowie die Einrichtung (Gebäude, Werkzeuge) und Prägemetall selbst zu beschaffen, damit die Münzmeister es nicht nötig hätten, schlechtes Geld zu prägen. Den Gewinn aus der Münzprägung — »Schlagschatz« genannt — sollten nur die Münzstände erhalten, aber nicht durch Abgaben der Münzmeister. Zwei Jahrhunderte hindurch wurde diese weise Vorschrift nicht überall beachtet.

Bis zur Wende des 16./17. Jahrhunderts traten in Schleswig-Holstein fürstliche Prägungen gegenüber denen der wirtschaftsmächtigen Hanse-

städte zurück. Erst als sich die größeren Silbermengen in den Steuer-
einnahmen der Herzöge zu sammeln begannen, konnten die Fürsten an
eigene Münzstätten herangehen, denn im Lande war Edelmetall nicht
zu gewinnen. Eine Ausnahme macht das dänische Geld, das durch die
politischen Bedingungen seit dem Ripener Vertrag von 1460 Einfluß in
den Herzogtümern gewonnen hatte. Als die schleswig-holsteinischen
Stände den König von Dänemark (aus dem noch heute regierenden
Haus Oldenburg) zum Herzog wählten, taten sie das nicht nur unter
politischen (Schleswig durfte nicht von Holstein getrennt werden und
damit auch nicht vom Deutschen Reich, weil Holstein zum Reich gehörte, während Schleswig dänisches Lehen war) Bedingungen, sondern
auch wirtschaftlichen. Unter letzteren war die wichtigste, daß der neue
Herzog sich und seine Nachkommen verpflichten mußte, nur Geld in
Umlauf zu setzen, »wie es in Lübeck und Hamburg gang und gäbe« sei.
Man wollte sich gegen Münzverschlechterung schützen; lange haben
sich die dänischen Könige nicht an ihre Verpflichtung gehalten.

Johann Adolf (1590–1616), Taler 1611

Um das Jahr 1600 hatten sowohl die Hauptlinie des Oldenburger
Fürstenhauses (dänische Könige in Kopenhagen) als auch die durch Erbteilungen entstandenen Seitenlinien, d. h. die jüngere königliche Linie
(Sonderburg–Glücksburg–Augustenburg–Norburg–Plön) wie die in
Gottorf residierende herzogliche Linie mit den Bischöfen von Lübeck
und die Schauenburger Grafen von Holstein eine vielseitige Prägung
von Groß-Silbermünzen aufgenommen. So sehr diese Münzen die auch
andernorts durch Erbteilungen eingetretene Zerrissenheit des Landes
kundtun, so sehr förderte andererseits diese Zersplitterung Wirtschaft
und Kultur in manchen kleinen Landesteilen (Schleswig — Schloß Gottorf, Kiel — Universität, Eutin — Schloß des Fürstbischofs von Lübeck
und die vielen Schlösser).

Friedrich III. (1616–1659), Taler 1622

Christian Albrecht (1659–1694), Gulden (²/₃ Taler) 1688

Friedrich IV. 1694–1702, Taler 1697

Von 1616 an machte sich die wirtschaftliche Unsicherheit vor dem 30jährigen Krieg neben den politischen und religiösen Gegensätzen in Gestalt einer immer schlimmer werdenden Geldverschlechterung bemerkbar, der man den Namen Kipper- und Wipper-Zeit gegeben hat. Kippen sollte bedeuten, daß in das flüssige Münzmetall geringwertige Beimischungen (Zinn, Blei in das Silber) »gekippt« wurden, wodurch der Feingehalt verringert wurde (kein echtes Korn), und Wippen hieß das zu leichte Abwiegen der einzelnen Schrötlinge, wodurch das Gewicht verringert wurde (kein echtes Schrot).

Karl Friedrich (1702–1739), 4 Schilling 1612

Karl Peter Ulrich (1739–1762/1762 russ. Zar), Taler 1753

An sich hat es Münzen ohne vollen Wert in Metall schon vorher gegeben. Man hatte erkannt, daß bei Mangel an Wechselgeld auch Geld aus geringwertigem Metall, z. B. Kupfer, in einem bestimmten Gebiet als Zahlungsmittel brauchbar war, solange es im Lande und seine Menge unter Kontrolle blieb. Solche Münzen nannte man Scheidemünzen. Der Begriff »Scheiden« ist ein juristischer und sollte bedeuten — wie man in den alten Urkunden nachlesen kann —, daß mit Scheidemünzen »der kleine Mann sich beim täglichen Verkauf und Kauf voneinander trennen kann«, d. h. dieses Geld als Notgeld ohne Rücksicht auf den zu geringen Metallwert gebrauchen konnte (auf schwedisch

Bistum Lübeck, Johann Adolf (1586–1607), Dreifacher Taler 1607 (Unikum)

heißt Scheidemünze »skillemynt«, Schiedsspruch »skillemål«). Die Erfinder der Scheidemünzen haben dabei gleich bedacht, daß man für größere Beträge solches Geld nicht vorschreiben durfte, weil ein Gläubiger, dem vollwertiges Silbergeld als Zahlung zustand, durch Zahlung mit geringwertiger Scheidemünze geschädigt wurde. Solche Gläubiger brauchten Scheidemünzen nur in bestimmten Höchstbeträgen (wenn überhaupt) an Zahlungs Statt anzunehmen.

Heute haben wir keine vollwertigen Währungsmünzen mehr; sie wird es auch nicht wieder geben, weil die Edelmetallpreise viel zu stark schwanken und das verfügbare Metall nicht reicht. Wir kennen nach den Gesetzen der Bundesrepublik als gesetzliche Münzen in Schleswig-Holstein (Gesetz über die Ausprägung von Scheidemünzen vom 5. Juli 1950) nur noch Scheidemünzen, wobei nach alter Überlieferung immer noch Höchstbeträge für Zahlungszwecke vorgeschrieben sind. Nach § 2 des Gesetzes ist niemand verpflichtet, Scheidemünzen, die auf Deutsche Pfennige lauten, im Betrag von mehr als 5 Deutsche Mark, und Scheidemünzen, die auf Deutsche Mark lauten, im Betrag von mehr als 20 Deutsche Mark an Zahlungs Statt anzunehmen. Dabei hat diese Bestimmung keinerlei praktische Bedeutung, obwohl nach ihr eine Zahlung z. B. von 5,50 DM in 11 Münzen zu 50 Pfennig zurückgewiesen werden könnte. Leistet man sie aber so an der Kasse eines Geschäfts, erntet man meist Dank.

Die Scheidemünzen haben wohl dazu beigetragen, daß die Kipper und Wipper in ungeheuren Mengen Münzen herstellten, die aus hoch-

Grafschaft Schauenburg-Pinneberg, Ernst III. (1601–1622), Doppeltaler o. J.

wertigem Silber sein sollten, aber aus schlechtem Silber und zu leicht waren und immer mehr wurden. Sie taten das in sogenannten »Heckenmünzen«, d. h. ungesetzlichen, versteckten Münzstätten primitiver Art und ohne Aufsicht oder Kontrolle. Wenn die Münzstände nicht energisch gegen diesen Betrug einschritten oder Fürsten, wie z. B. in Braunschweig-Lüneburg, selbst Gewinn aus ihm zogen, konnten solche Hekkenmünzen ihr Unwesen jahrelang fortsetzen.

In Schleswig-Holstein und den Städten haben die verantwortlichen Stellen die Kipper- und Wipper-Betrügerei nicht aufkommen lassen. Nur der Schauenburgische Graf Ernst III. hat mehrere Jahre hindurch immer schlechtere Groschen prägen lassen, die schließlich weniger als ¹/₃ des Sollwerts erreichten.

Im Gegenteil: Die Wirtschaft in den Städten strebte mit allen Mitteln danach, das Geld wieder stabil zu machen; so gelang es Lübeck und Hamburg 1622, also mitten im Krieg, einen Vertrag zu schließen, der der Kipper- und Wipperei rasch ein Ende im Lande machte, weil die benachbarten Fürsten ihm beitraten. Der Vertrag besagte, daß der bisher in 32 Schillinge eingeteilte Reichstaler in Zukunft zu 48 Schillingen gerechnet wurde. Da sich der Wert von 16 Schillingen für eine Mark eingebürgert hatte, galt nun der Taler 3 Mark, wie es in Schleswig-Holstein, Lübeck und Hamburg bis 1871 geblieben ist. Der sehr häufig gebrauchte ¹/₁₆-Taler = Doppelschilling wurde auf 3 Schillinge erhöht, in gutem Silber in den königlichen und herzoglichen Münzstätten des

Dänemark, Christian IV. (1588–1648), Doppelkrone 1619

Lübeck, Taler 1776 (letzter vollwertiger Reichstaler)

Hamburg, Taler 1764 (letzter vollwertiger Reichstaler)

17. Jahrhunderts in großer Zahl geprägt und »Düttchen« genannt (möglicherweise von niederl. »duitgen«, Deut = ein wenig).

Die große wirtschaftliche Unsicherheit des hereinbrechenden vernichtenden Krieges zeigte sich noch an zwei anderen wichtigen Neuerungen. 1618 führte der dänische König Christian IV. eine neue Wäh-

Bremen, Taler 1744 (als viereckige Klippe geprägt)

Dänemark, Christian VII. (1766–1808)
Species = vollwertiger Reichstaler (60 Schillinge Courant)

rungseinheit ein, die er »corona danica« nannte. Die Dkr (Dänenkrone) ist die dänische Währung auch heute noch, obwohl sie Einteilung und Aussehen seitdem wiederholt geändert hat.

Ein weiteres Ereignis war die im gleichen Jahr erfolgte Gründung der Hamburger Bank. Um ihre Rechnungseinheit von schlechtem Geld unabhängig zu machen und ihren Zahlungen auch im Ausland Vertrauen und Ansehen zu verschaffen, wurden die Konten in Banco-Talern (spä-

46

ter Mark Banco = $^1/_3$ Taler) geführt, die dem Wert der alten Reichstaler entsprachen. Andere Währungen wurden bei Einzahlungen in Banco-Währung umgerechnet, Zahlungen erfolgten größtenteils bargeldlos.

Als man sich 100 Jahre später in Lübeck und Hamburg zur Einführung des »Courant«-Geldes (Umlauf-Geldes von lat. currere = laufen) entschloß, bekamen die alten Reichstaler wegen ihres höheren Wertes von 60 Schillingen Courant den Namen Species (von lat. species = richtige Art), während der Couranttaler 48 Schillinge = 3 Mark Courant à 16 Schillinge gerechnet wurde. Die praktische Prägung von Speciestalern hörte in Hamburg 1764 und in Lübeck 1776 auf, weil im täglichen Verkehr das Courantgeld ausreichte. Da die Speciestaler aber auf dem breiten Lande in Schleswig-Holstein wegen des Mißtrauens gegen das schlechtere dänische Geld sehr beliebt waren, blieben die vorhandenen Münzen noch lange in Gebrauch und wurden von den dänischen Königen noch 100 Jahre länger in ihren Münzstätten als »Rigsdaler Species« = 60 Schilling Schleswig-Holsteinisch Courant oder nur kurz als »Species« geprägt.

2. Das Papiergeld

Geld in Gestalt von Papier ist in Europa erst in der Neuzeit entstanden. Nur die Chinesen, die Erfinder des Papiers, hatten es bereits viele hundert Jahre vorher, eine erste Ausgabe angeblich schon um die Zeitwende. Wie wenig man sich in Europa Geld vorstellen konnte, das keinen Substanzwert in Form von Edelmetall hat, beweist ein Bericht Marco Polos vom Jahre 1325 aus Ostasien, in dem er nach Hause schreibt, daß es in China nicht nur üblich sei, mit Papier zu bezahlen, sondern daß es sogar Gläubiger gäbe, die so dumm seien, Papier als Zahlung anzunehmen. Die ersten erhaltenen Geldnoten stammen aus der Ming-Dynastie (Kaiser Hung-Wu, 1368) im Wert von 1 Kuan = 100 Käsch. Die Strafbestimmungen auf der Rückseite der Noten drohen nicht nur dem Fälscher die Galgenstrafe an, sondern versprechen demjenigen eine hohe kaiserliche Belohnung, der Fälscher anzeigt.

Die erste europäische Banknote stammt aus Schweden (Stockholms Banco, 1661). In England liefen in der 2. Hälfte des 17. Jahrhunderts die »Goldsmith-Notes« um, Quittungen von zuverlässigen Goldschmieden für eine bestimmte Menge Gold, die man gegen die Note einlösen konnte, d. h. eine Art privater Goldwährung. Aus der »Nota« (= Rechnung, Bestätigung) ist das Wort »Banknote« entstanden, wenn diese nämlich von einer Bank ausgestellt war. Häufig wurde im 18. Jahrhundert auch der Begriff »Zettel« (skandinavisch Sedel) benutzt und die ausgebende Bank »Zettelbank« genannt.

Sehr schnell zeigte sich der Nachteil des Papiergeldes, daß es nämlich schnell und in praktisch unbegrenzter Menge vermehrt werden kann. Wird die ausgegebene Menge nicht dem wirklichen Bedarf angepaßt und streng kontrolliert, so entsteht Inflationsgefahr durch Überfülle an Geld genau wie bei Überfluß an Münzgeld (s. in Schleswig-Holstein 1545/1546).

Bei den »Zetteln« kam nur die Zettelbank in Schwierigkeiten, wenn ihre Noten in Verdacht gerieten, nicht mehr gut zu sein; beim Staatspapiergeld, das praktisch ein Zwangsgeld geworden ist, weil Annahmezwang als Zahlungsmittel besteht, geraten Staat und Wirtschaft in Gefahr.

Vorkommnisse, wie der Zusammenbruch der Finanzierungsversuche des Schotten John Law in Frankreich 1720 oder die ungehemmte Papiergeldinflation durch Staats-Assignaten in Frankreich 1780—1795, erzeugten verbreitetes Mißtrauen nicht nur in Schleswig-Holstein gegen Papiergeld. Man versuchte zwar, diesem Mißtrauen zu begegnen, indem man auf den Zetteln bestätigte, daß die entsprechende Menge an Geld aus Edelmetall bei der ausgebenden Bank hinterlegt sei. Die Banknoten der 1788 in Altona gegründeten Schleswig-Holsteinischen Speciesbank weisen das im Text aus; das Mißtrauen der Bevölkerung verschwand nie ganz, auch nicht dadurch, daß die Banknoten bis in das 19. Jahrhundert noch als originale Urkunden vom Bankdirektorium — und zwar allen Direktoren mit eigenhändiger Unterschrift — in Tinte unterschrieben und in einem Register geführt wurden, in dem jede Note eine Nummer erhielt, die gleichfalls mit Tinte auf der Banknote eingetragen wurde.

Ein bezeichnendes Licht auf den Gebrauch von Papiergeld in den Herzogtümern wirft ein Theaterzettel aus Kiel im Jahre 1783; er enthält folgende Fußnote:

»N. B. Da der Unterschied zwischen Banco-Zettel und Courantgeld zu groß ist: So dienet einem geehrten Publikum zur Nachricht, daß man, um den Schaden zu heilen, den Thaler in Banco-Zettel zu 44 Schill. annehmen wird.«

Der Taler Courant in Silber hatte 48 Schillinge; wenn der Theaterbesitzer, um das Publikum anzulocken, den Taler »in Zetteln« mit 44 Schillingen anzunehmen versprach, »um den Schaden zu heilen«, so muß also üblicherweise der Taler in Papier nur 40 Schillinge gegolten haben, d. h. $1/6$ = ca. 16 % weniger als Courant.

In Schleswig-Holstein verstärkte sich das Mißtrauen gegen Papiergeld in der folgenden Zeit stark durch den Niedergang der dänischen Währung in Zusammenhang mit den Kriegen Napoleons, auf dessen Seite Dänemark trat, nachdem seine Kriegsflotte 1807 durch die Engländer ausgeschaltet war. Die Kriegsschulden verursachten am Ende des deutschen Befreiungskrieges 1813 den sogenannten dänischen Staatsbank-

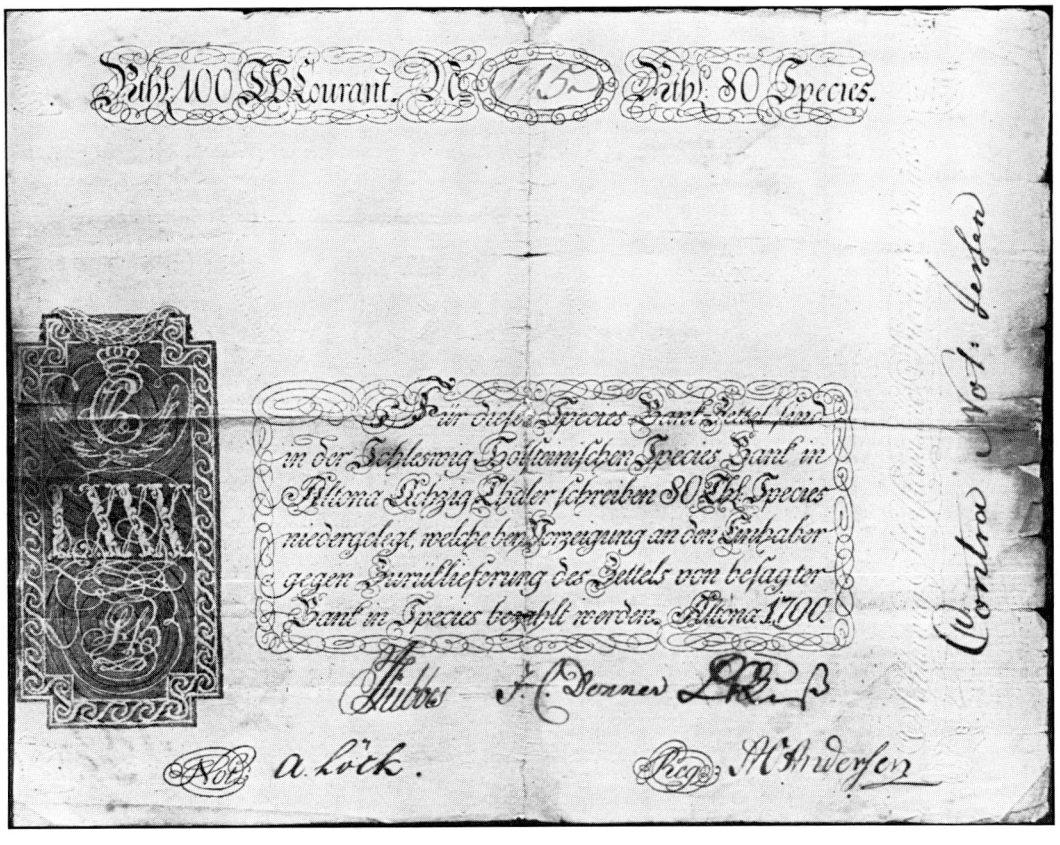

rott, weil eine vollständig neue Währung eingeführt wurde. Bis zur schleswig-holsteinischen Erhebung waren an Papiergeld hauptsächlich preußische Kassen-Anweisungen in Umlauf, wie sich aus dem ersten Kassenbuch von Wilh. Ahlmann ergibt. Auch das von der Provisorischen Regierung (Statthalterschaft der Herzogtümer) Schleswig-Holsteins ausgegebene Papiergeld wurde nach dem in Norddeutschland vorherrschenden preußischen Münzfuß (14 Taler auf 1 Mark, 234 g Feinsilber) ausgegeben. Da dieser Taler ²/₃ des Species galt, d. h. 40 Schillinge, ergab sich bei einer Rechnung von 1 Mark = 16 Schilling für ihn ein Gegenwert von 2¹/₂ Mark Schleswig-Holsteinisch Courant.

Nunmehr hatte sich die Faksimile-Unterschrift auf den Banknoten durchgesetzt; die laufende Nr. aber wurde immer noch in Tinte einge-

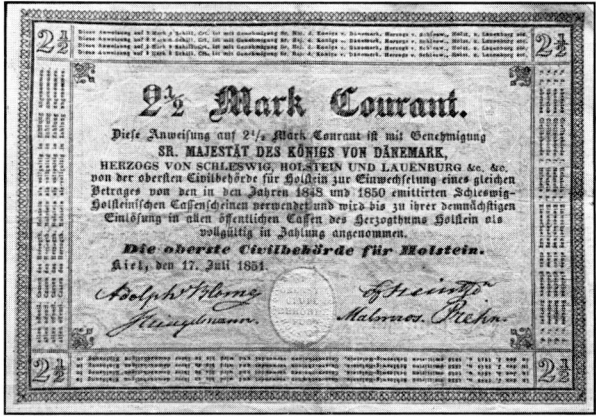

tragen und vom Registerführer durch handschriftliche Unterschrift bestätigt.

Als die Erhebung 1850 zusammenbrach, weil weder der Deutsche Bund noch Preußen zur Hilfe bereit waren, ließ der dänische König Friedrich VII. die Noten der Statthalterschaft durch eigene ersetzen.

Das Papiergeld der Jahre 1864—1870 ist durch die politischen Verhältnisse im Lande bedingt; als Friedrich VII. 1863 ohne Nachkommen im

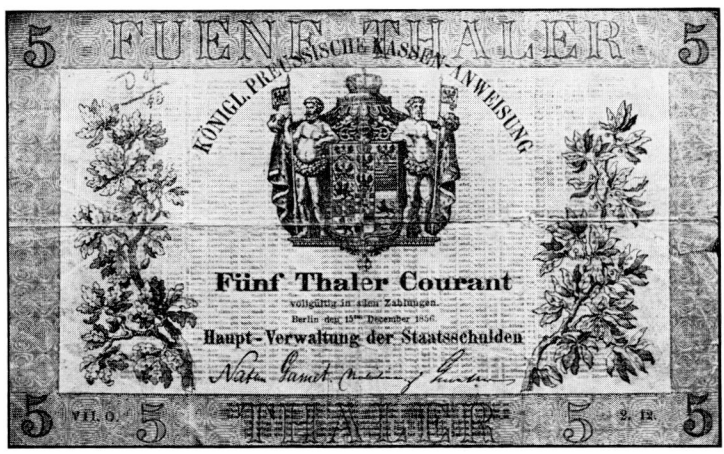

Mannesstamm starb und die weibliche Erbfolge (König Christian IX. in Dänemark) nicht in den Herzogtümern anerkannt wurde, kam durch die Reichsexekution zunächst österreichisches und preußisches Papiergeld, ab 1866 nach der Auseinandersetzung Preußen–Österreich nur noch preußisches Papiergeld in Gebrauch. Die österreichischen Gulden-Noten zu 1 Gulden wurden nicht nur als ganzer Gulden, sondern auch als Blatt mit 10 × 10 Kreuzerscheinchen gedruckt, wobei man die kleinen Scheine nach Bedarf beim Bezahlen mit der Schere trennte (ebenso wie die Briefmarken der damaligen Zeit).

Die Gründung des Deutschen Reiches 1871 brachte für Schleswig-Holstein den größten Einschnitt im Geldwesen und damit auch in der Geschichte des Papiergelds. Nicht nur, daß jetzt auch in der preußischen Provinz die neue Dezimalwährung 1 Mark = 100 Pfennig eingeführt wurde, auch das Ausgaberecht für Banknoten wurde gesetzlich neu geregelt. Es verschwand die größte Zahl von Zettelbanken zugunsten der neuen Reichsbank, die am 1.1.1876 ihre Tätigkeit begann; auch die restlichen privaten Notenbanken gaben ihr Notenrecht bis 1900 auf; es blieben noch die 4 staatlichen Notenbanken von Baden, Bayern, Sachsen und Württemberg, bis ab 1. Januar 1936 die Reichsbank als alleinige Notenbank übrigblieb.

Die 1871 eingeführte Markwährung war eine Goldwährung; ihre Grundlage war der Goldpreis, der bis 1914 auf 2794 Mark/kg festgesetzt war und dadurch das Gewicht der Goldmünzen festlegte, die bis 1914 den Hauptteil des Geldumlaufs ausmachten. Man war berechtigt, jederzeit Banknoten gegen Goldmünzen oder Feingold oder umgekehrt von der Reichsbank zu verlangen; diese durfte Banknoten nur in Höhe des Deckungsbestandes ausgeben.

Die Folge war, daß Papiergeld nur höchstens 1 Drittel des Zahlungsmittelumlaufs bis 1914 ausmachte — heute besteht er zu 95 % aus Papier.

Politische und wirtschaftliche Unruhe machten sich schon vor Ausbruch des 1. Weltkriegs bemerkbar, wie 300 Jahre vorher; trotzdem blieb bestehen, daß die Reichsbank Papiergeld nur in Nennwerten von 20, 50, 100 und 1000 Mark ausgeben durfte, weil es bis 20 Mark die guten Münzen gab.

Als aber der I. Weltkrieg 1914 ausbrach, verschwanden erst langsam, dann immer schneller die Gold- und Silbermünzen aus dem Zahlungsverkehr und mußten durch Papiergeld ersetzt werden. Nicht nur, daß die Reichsbank jetzt auch Banknoten unter 20 Mark ausgab; die staatliche Darlehnskasse gab in steigender Menge Darlehnskassenscheine als Papiergeld im Wert bis zu 1 Mark herunter aus. Da dies immer noch nicht genügend Kleingeld ergab, begannen ab 1917 zahlreiche Verwaltungen mit »Notgeld«, Aushilfsscheinen u. ä. Papier, zunächst vor allem die verschwundenen silbernen 50-Pfennig-Stücke zu ersetzen.

Nach dem verlorenen Krieg begann der Papiergeldumlauf auszuufern, da die Wirtschaft infolge von politischen Unruhen jahrelang daniederlag und der vorhandenen großen Geldmenge gegenüber kein genügendes Warenangebot produzieren konnte. Hierzu kam ungeheuer erschwerend, daß man auf der Seite der Siegermächte damals noch glaubte, durch Reparationen (kostenlose Rohstoff- und Warenlieferungen) des Besiegten Ersatz für die eigenen Kriegskosten erhalten zu können.

Der durch Krisen erschütterte Staat mußte und konnte wohl nicht anders helfen als durch Papiergelddrucken mit der Folge, daß die Inflation bis 1923 immer schneller galoppierte. Der Kurs des US-Dollars, bis 1914 konstant 4,20 Mark, nahm folgende Entwicklung in Mark:

	1914	1918	1919	1920	1921	1922
	4,20	7,—	42,—	70,—	105,—	7350,—

1923 April	Juni	August	20. 10.	1. 11.	10. 11.	15. 11.	30. 11.
29,8 Td.	154,5 Td.	10 Mio.	12 Md.	130 Md.	630 Md.	2 Bio.	4,2 Bio.

Diese fast unvorstellbare Zahlenflut hatte die Reichsbank gezwungen, zeitweise bis zu 133 Druckereien mit dem Banknotendruck zu beschäftigen. Obwohl Papiergeld bei den Banken in Waschkörben befördert wurde, kam immer Knappheit an Wechselgeld auf; jetzt ließen

nicht nur amtliche Stellen der verantwortlichen inneren Verwaltung,
sondern auch andere Institutionen, ja sogar Industrie- und Handels-
firmen bis zu den Einzelkaufleuten eigenes »Not«- oder »Wechselgeld«
drucken — großenteils ohne Genehmigung. Sie hatten erkannt, daß
eine Inflation sich beschleunigt (im Gegensatz zur Teuerung) und deshalb kein Risiko bei der Ausgabe des Notgelds für die spätere Einlösung
bestand, weil in wenigen Tagen oder Wochen z. B. eine Million Mark
noch den Wert einer Kartoffel hatte. Da nachher doch ohne Wert, sind
Tausende solcher Papiergeldscheine aufgehoben worden — von manchen Stellen als ganze Serien von Märchen, historischen Begebenheiten,
Landschaftsbildern und ähnlichem. Allein von Schleswig-Holstein gibt
es mindestens 1100 verschiedene solche Scheine — ohne die der Hansestädte Lübeck und Hamburg.

Bei den Reichsbanknoten ist es etwas anders; einerseits sind einige,
nur kurze Zeit umlaufende kleinere Nominale selten, andererseits hatten die ganz hohen Nominale (ab 1 Billion) auch nach der Währungs-
umstellung eine ersehnte Kaufkraft, die ausgenutzt wurde, so daß diese
»wertvollen« Noten nicht aufgehoben wurden. Hinzu kommt, daß die
Reichsbank die Vorschriften zur Vernichtung außer Kurs gesetzter
Banknoten so genau und gründlich befolgte, daß keine Originale übrig-
blieben.

Die Stabilisierung der Währung gelang am 30. 11. 1923 durch die Einführung einer neuen Mark, die als wertbeständig gelten sollte durch
Sicherstellung der Rentenbank in Gestalt von Schuldscheinen der deutschen Wirtschaft, die hauptsächlich auf Grund und Boden basiert wa-

ren. Sie hieß »Rentenmark«. Die Idee dafür stammte von dem preußischen Finanzminister Helfrich; die Sicherstellung sollte bewirken, daß das Vertrauen zu einer stabilen Währung als wichtigstes Moment für den Wiederaufbau der Wirtschaft zurückkehrte. Es kehrte zurück, weil der Umlauf der neuen Rentenmark dem Bedarf angepaßt und in strengen Grenzen gehalten wurde.

1 Billion alte Mark wurden 1 Rentenmark gleichgesetzt; die höchsten Nominale, die Deutschland je gesehen hat, waren 2 Reichsbanknoten zu 100 Billionen Mark (eine Ausgabe Nov. 1923, eine zweite von Febr. 1924), eine Zahl 1 mit dem Rattenschwanz von 14 Nullen; sie waren soviel wert wie 100 Rentenmark.

Als sich zeigte, daß das Wunder der Rentenmark gelang, führte das Reich im August 1924 eine neue Reichswährung mit dem Namen »Reichsmark« ein, deren Einheit = 1 Rentenmark festgesetzt wurde, damit das Vertrauen zur Rentenmark auf sie übertragen wurde. Die Rentenmark lebte dann nur noch für den Geldbedarf im II. Weltkrieg wieder auf.

Mit dem 31. 12. 1935 wurde das Notenausgaberecht der vier letzten Staatsbanken durch Gesetz aufgehoben.

Nach dem verlorenen II. Weltkrieg wiederholte sich die Inflation durch zuviel Zahlungsmittel ähnlich wie nach 1918. Die westlichen Siegermächte verzichteten zwar im wesentlichen auf Reparationen, die sie bis 1933 trotz verschiedener Moratorien (Stillhalteabkommen) und Kürzungen (Dawes- und Young-Plan) nur teilweise hatten erpressen können, sie vermehrten aber durch Bezahlen der Besatzungskosten mit Geld der »Alliierten Militärregierung«, ausgestellt in Mark und den

Reichsbanknoten gleichgestellt, den Papiergeldumlauf erheblich. Wieder verlor das Geld seine Bedeutung und wurde — soweit nicht für rationierte Lebensmittel und eingefrorene Preise benötigt — durch Zigaretten- oder Kaffeewährung ersetzt.

Die sowjetisch besetzte Zone Deutschlands nahm auch in der Geldgeschichte eine ganz andere Entwicklung.

Die Wirtschaft lag auch in Schleswig-Holstein genau wie in den anderen westlichen Besatzungszonen so lange danieder, bis ihr Kreislauf

durch neues, stabiles Geld wieder in Gang gesetzt wurde. Dies geschah
mit der Währungsreform vom 20. Juni 1948 und der Einführung einer
4. Mark in diesem Jahrhundert, die nunmehr »Deutsche Mark« genannt wurde. Da es einen neuen Weststaat noch nicht gab, war zur
Vorbereitung im März 1948 die »Bank Deutscher Länder« gegründet
worden, die nach Gründung der Bundesrepublik Deutschland am 1. 1.
1956 zur Deutschen Bundesbank wurde. Sie allein hat heute das Ausgaberecht für die in Schleswig-Holstein gültigen Banknoten.

Bei der Stabilisierung vom 30. 11. 1923 hatte man nach dem Grund-
satz »Mark = Mark« alle Geldvermögen und Forderungen praktisch
vernichtet. Die Währungsreform von 1948 stellte zwar die Geldgut-
haben auf 100 : 6,5 um und gewährte später eine Zusatzquote auf »Alt-
sparguthaben«; Schulden jedoch wurden auf 10:1 umgestellt und, soweit sie Hypotheken (Schulden auf Grundbesitz) oder Bankkredit be-
trafen, mit einer Gewinnabgabe von 90 % belegt, die dazu dienen

mußte und sollte, den Lastenausgleich für Kriegs- und Vertreibungs-
schäden aufzubringen. Man hatte aus den Erfahrungen von 1924 ge-
lernt.

Die wichtigen Währungsentscheidungen wurden bei der Bank Deutscher Länder und werden bei der Deutschen Bundesbank durch den
Zentralbankrat gefällt, der aus dem Direktorium der Bundesbank und
den Präsidenten der 11 Landeszentralbanken besteht. Nur die inter-
nationalen Probleme (Wechselkurse, Internationaler Währungsfonds,
Verträge) gehören zur Zuständigkeit der Bundesregierung, die darin eng
mit der Bundesbank zusammenarbeitet. Dagegen unterliegen Gestalt

und Menge der Banknoten, Betrag der Scheidemünzen (die das Bundes-finanzministerium in seinen 4 Münzstätten prägen läßt) sowie Kosten und Menge des Zentralbankkredits der Entscheidung des Zentralbank-rats, der darin selbständig ist bis auf ein »aufschiebendes« Veto der Bundesregierung. Eine Maßnahme, die vom Zentralbankrat für not-wendig gehalten wird, kann sie nicht verhindern. Dafür sind Zentral-bank und damit Bundesbank durch das Bundesbankgesetz verpflichtet, die Währung »in Übereinstimmung mit der Wirtschaftspolitik der Bundesregierung« stabil zu halten, was in schwierigen Zeiten wohl stets zu Konflikten Anlaß geben kann.

Die Deutsche Mark ist dank der Bundesbank- und Wirtschaftspolitik, der Qualität der deutschen Ausfuhr und der Tüchtigkeit der deutschen Arbeiter im Außenwert eine der härtesten Währungen der Erde gewor-den; verschiedene Aufwertungen und ihr Ansehen in anderen Ländern beweisen es. Ihr Innenwert ist dagegen durch Preissteigerungen gesun-ken; der Zahlungsmittelumlauf hat sich von 1969 (30 Md.) bis 1977 (62 Md.) mehr als verdoppelt. Der Zentralbankrat gibt deshalb wohl neben seinen Mahnungen zum Maßhalten bei Lohn- und Preis-erhöhungen seit 1975 auch Richtsätze für die Zunahme der Geldmenge bekannt, um zu verhindern, daß die allgemeine Wohlfahrt durch In-flation Schaden nimmt.

Ein Vielfaches des Zahlungsmittelumlaufs (Bargeld) ist als Buchgeld (Kontoguthaben bei Banken und Sparkassen) vorhanden.

3. Vom Absolutismus bis zum Dänischen Gesamtstaat (1650–1771)

Die Darstellung ist dem zeitlichen Ablauf vorausgeeilt; auf den Spe-ciestaler in Schleswig-Holstein des 18. und 19. Jahrhunderts wird später eingegangen (Teil III. 4.).

Das Ende des 30jährigen Krieges brachte mit den Friedensschlüssen von Münster/Osnabrück auch für Norddeutschland erhebliche territo-riale Veränderungen durch Säkularisierung zahlreicher Kirchenherr-schaften in weltliche Gebiete. So erhielt z. B. Schweden für seinen Kriegseinsatz das Herzogtum Bremen-Verden aus den Ländern des Erz-bistums Bremen und des Hochstifts Verden. Die Grafschaft Oldenburg fiel 1666 beim Tode des letzten Grafen Anton Günther im Erbgang an die Oldenburger Verwandten auf dem dänischen Thron. Damit übten zwei skandinavische Reiche unmittelbaren Einfluß auf deutschem Bo-den aus (Schweden allerdings nur 70 Jahre). Im Münzwesen richteten sie sich nach den Reichsgesetzen und prägten nach deutschen Vor-bildern.

Das heraufkommende Zeitalter des Absolutismus (unbeschränkter

Fürstenherrschaft) hat sich in der Geldgeschichte der 2. Hälfte des 17. Jahrhunderts so ausgewirkt, daß wegen Fehlens von Reichsgewalt und mangelnder Durchsetzung der Kreisaufsicht zweiseitige Vereinbarungen über das Geldwesen zwischen benachbarten Fürsten an die Stelle allgemein gültiger Vorschriften traten, um erträgliche Währungsverhältnisse zu bewahren. Da die Prägung vollwertiger Taler nur noch mit Verlust möglich wurde (steigender Silberpreis) und deshalb immer mehr zurückging, andererseits schlechte deutsche und polnische Kleinmünzen sein Land überschwemmten, ging zunächst der Große Kurfürst, Friedrich Wilhelm von Brandenburg, vom Reichsfuß ab und schloß 1668 mit Kursachsen und Braunschweig-Lüneburg den Vertrag von Zinna ab, durch den der $10^1/2$-Taler-Fuß eingeführt wurde (d. h. aus der Mark Feinsilber 234 g sollten $10^1/2$ Taler geprägt werden). Als diese Reform in der Folgezeit nicht ausreichte, sondern durch weitere schlechte Kleinmünzen die sogenannte 2. Kipperzeit eintrat, wurde durch den »Leipziger Fuß« 1690 eine weitere Herabsetzung auf den 12-Taler-Fuß zwischen den genannten drei großen westdeutschen Gebieten vereinbart; dieser Münzfuß erwies sich als tragbar, besonders durch seine $^2/_3$-Stücke (18 auf die Mark Feinsilber), die sich bis in das 19. Jahrhundert gehalten haben. Da das $^2/_3$-Nominal 32 Schillingen = 2 Mark (1 Mark = 16 Schillinge bis 1871) entsprach, wurden diese $^2/_3$-Taler-Stücke auch in Schleswig-Holstein gebräuchlich und unter dem Gottorfer Herzog Christian Albrecht (1659–1694, Gründer der Universität Kiel) in mehreren Ausführungen geprägt.

Der süddeutschen Währungseinheit entsprechend wurden sie »Gulden« genannt. Allzu eigennützig benutzte Herzog Julius Franz von Sachsen-Lauenburg (1666–1689) die Guldenprägung von 1678 ab, der dadurch und durch Verpachten seiner Münzstätte Schwierigkeiten mit dem niedersächsischen Kreis bekam. Es gibt einen Bericht über eine Untersuchung in Leipzig gegen den Lauenburger Münzdirektor Lorenz Wagner, der für die geringerwertigen Lauenburger Gulden gute Reichstaler aufgekauft haben sollte und bei der Leipziger Herbstmesse 1678 dabei erwischt worden war.

Der Lauenburger Herzog hat mit der Jahreszahl 1678 wahrscheinlich 10 Jahre lang viel mehr solche Gulden geprägt, als in seinem kleinen Land gebraucht wurden. Sie wurden nachweislich als »Exportgeld« verwandt, um damit in anderen Gebieten Münzen mit besserem Silbergehalt aufzukaufen. Man kann das daraus schließen, daß eine auffällig große Anzahl Lauenburger Gulden mit Gegenstempeln »FC« (= Fränkischer Kreis) oder »Col« (= Köln, für Niederrheinischen Kreis) erhalten geblieben ist. Sie sind also Umlaufsgeld in diesen Gebieten gewesen.

Gulden = $^2/_3$ Taler sind auch die meisten der von den Reichsgrafen zu Rantzau geprägten Münzen. Diese Grafen übten während ihrer

Herzogtum Lauenburg, Julius Franz (1666–1689)
Gulden 1678 (²/₃ Taler) mit 2 Gegenstempeln: »FC« = Fränkischer Kreis
und »CoL« = Niederrhein. Kreis (Köln)

Adelsgeschlecht Rantzau, Christian (1614–1663), Dukat 1655

Reichsunmittelbarkeit das Münzrecht von 1655–1689 aus. Außer den Gulden wurden nur wenige Dukaten und Taler geprägt.

Wenn sich auch die dänischen Könige nur ganz selten an die Ripener Abmachung gehalten haben, nur Geld für die Herzogtümer auszugeben, wie es in Lübeck und Hamburg gang und gäbe sei, so gereicht es den Gottorfer Herzögen zur Ehre, daß sie sich um gutes Geld bemüht haben. Der Umfang ihrer Münzprägung ist allerdings nicht groß gewesen.

Den letzten Schleswig-Holsteinisch/Gottorfer Taler ließ der Herzog Karl Peter Ulrich 1753 prägen, als er bereits von seiner Tante, der Zarin Elisabeth, das Angebot erhalten und angenommen hatte, Nachfolger auf dem russischen Thron zu werden. Sein Bild erscheint auf dieser Münze mit dem Titel »Magnus Dux totius Russiae« = Großfürst von ganz Rußland. Auch der Münzfuß dieses Talers deutet auf die Geldverhältnisse im 18. Jahrhundert hin und lohnt eine genauere Erläuterung; es war ein sogenannter »Albertustaler«. Albertustaler waren eine der 4 im 18. Jahrhundert in Deutschland neu in Gebrauch gekommenen Talersorten; seinen Namen hat dieser Taler von dem Gouverneur Albert der spanischen Niederlande, der ihn als erster prägen ließ für den

Ostseehandel mit einem Silbergehalt, der ganz wenig unter dem des Reichstalers lag.

Eine andere Sorte waren die vom preußischen König Friedrich II. 1750 eingeführten Taler im 14-Taler-Fuß, d. h. zu 14 Stück auf eine Mark Feinsilber. Dieser Münzfuß wurde »Graumann'scher« genannt, weil Friedrich d. Gr. sich den Münzmeister Graumann aus Braunschweig-Lüneburg geholt hatte und ihn beauftragte, ein wirklich praktikables Münzsystem zu schaffen. Diese Taler waren nicht nur in Preußen bis 1857 unverändert in Gebrauch, sie wurden die wichtigste Währung in Norddeutschland, von vielen norddeutschen Ländern nachgeahmt und waren später auch Grundlage von Zahlungen in Schleswig-Holstein und des Papiergelds der provisorischen Regierung; verrechnet wurden sie zu ^{2}/$_3$ Species = 40 Schilling Courant.

Der große Erfolg dieses preußischen Talers gab Veranlassung zu einem Vertrag im Jahre 1753 zwischen Österreich, d. h. also dem Kaiser in Wien, und dem Kurfürsten von Bayern. In Süddeutschland war als Währungseinheit der Gulden zu 60 Kreuzern eingeführt; um für ihn auch ein größeres Geltungsgebiet zu schaffen, vereinbarte Bayern mit Österreich in der Konvention von 1753 den sogenannten »Konventions-Fuß«, der vorschrieb, daß aus der Mark Fein 20 Gulden zu prägen seien; der neue »Konventionstaler« wurde auf 2 Gulden gesetzt. Man wollte also mit diesem neuen 10-Taler-Fuß den guten Reichstaler wiederherstellen. Neue Unruhe entstand hierdurch, obwohl der Konventionstaler = 2 Gulden auch in Norddeutschland geprägt worden ist. Fachleute waren aber sogleich der Meinung, daß »der Konventionstaler gänzlich aus dem Teutschen Reiche verschwinden« werde, weil man ja aus 10 Stück davon 14 preußische Taler machen könne, die Friedrich der Große wohlweislich »Reichstaler« genannt hatte. In der Not des 7jährigen Krieges hatte der König allerdings die Taler aus Messing und nur versilbert prägen lassen müssen. Da er sich für die Kriegsfinanzierung seines Hofbankiers namens Ephraim bediente, nannte man diese »Futtermünzen« Ephraimiten und dichtete auf sie den Spottvers: »Von außen Silber — von innen schlimm — von außen Friedrich — von innen Ephraim.« Kaum war der Krieg 1763 zu Ende, verfügte er, daß alles schlechte, auch ausländische Geld abzuliefern und einzuschmelzen sei und daß alle rechtlichen Verhältnisse (Handelsverträge, Erbschaften usw.) nach genauen Vorschriften nur in »Graumannischem« Geld zu regulieren seien. Außerdem erfand er im gleichen Jahr 1764 die deutschen Pfandbriefe, indem er für den Wiederaufbau der nun endgültig gewonnenen Provinz Schlesien festverzinsliche Schuldurkunden verkaufen ließ, um das nötige Kapital aus vielen kleinen Beträgen zusammenzubringen. Die Handhabung des Geldwesens durch diesen bedeutenden König gereicht ihm nicht nur zur Ehre, sondern brachte die Wirtschaft Preußens in kurzer Zeit wieder in die Höhe, wobei sein so-

Dänemark, Christian VII. (1766—1806), Piaster (Levante-Taler) 1771

lides, aber auch durchführbares Währungssystem eine nicht geringe Rolle gespielt hat.

Der Konventionstalerfuß galt auch für den Maria-Theresia-Taler, der mit der Jahreszahl 1782 noch heute neu geprägt wird und als Zahlungsmittel im Nahen Osten und Afrika in Gebrauch ist. Als »Levante«-Taler oder Piaster wurde er in geringer Zahl auch in unserem Gebiet vom dänischen König Christian VII. geprägt.

4. Im Gesamtstaat 1771—1863

In der zweiten Hälfte des 18. Jahrhunderts starben alle regierenden Seitenlinien des Oldenburger Fürstenhauses bis auf die königliche Linie aus; Zar Paul I. tauschte 1773 die dänische Grafschaft Oldenburg/ Delmenhorst gegen der Elbherzogtümer aus und schenkte die Grafschaften seinem Gottorfer Verwandten, dem Fürstbischof Friedrich August von Lübeck; dieser erhielt 1777 das zum Herzogtum erhobene Land als Lehen des Reiches, dessen Herzöge/Großherzöge (ab 1815) bis 1918 dem Hause Oldenburg-Gottorf entstammen.

Bistum Lübeck, Fürstbischof Friedrich August von Gottorf
Pistole = Frederiks d'or 1776

Mit diesen politischen Veränderungen war ab 1773 ein »dänischer Gesamtstaat« bis zur Elbelinie entstanden; weitgehende Folgen auch im schleswig-holsteinischen Geldwesen ließen nicht auf sich warten. In Altona, das schon zum bisherigen »königlichen« Anteil von Holstein gehört hatte (es wurde erst im Großhamburg-Gesetz von 1935 mit Hamburg vereinigt), wurde 1771 eine königliche Münzstätte errichtet, die bis 1863 die für Schleswig und Holstein bestimmten Münzen geprägt hat. Gleichfalls in Altona wurde 1776 die »Species-Giro- und

Lübeck, Couranttaler 1752

Leihbank« und 1788 die noch wichtigere »Altonaer Speciesbank« gegründet, die die ersten schleswig-holsteinischen Banknoten (»Zettel«) in Umlauf setzen durfte. Grundlage dieser Banknoten war die 1788 eingeführte eigene Silberwährung für Schleswig-Holstein, die den Namen »Schleswig-Holsteinisch Courant« erhielt. Diese Umlaufswährung hatte den gleichen Wert wie die Courantwährungen in Lübeck und Hamburg (gemeinsam seit 1727) und war in 3 Mark Courant à 16 Schillinge eingeteilt, die Einheit Couranttaler also 48 Schillinge wert.

Da die Banknoten der Altonaer Speciesbank durch einen gleich hohen Betrag in hinterlegten Speciestalern gedeckt sein mußten (daher der Name der Bank), enthielten sie außer dem Nennwert in Courant auch den Wert in Species. Da die Speciestaler (geprägt im alten Reichstalerfuß 9¼ auf die Mark Feinsilber von 234 g) aber 60 Schillinge Courant galten gegenüber dem Couranttaler mit nur 48 Schillingen, waren sie also 25 % besser als diese, z. B. 80 Taler Species waren = 100 Taler Courant usw.

Die dänischen Maßnahmen von 1776/1788 waren für die Herzogtümer segensreich; sie schützten sie vor der fortgesetzten Münzver-

Hamburg, 2 Mark Courant 1809

Lübeck, 1 Mark Courant 1728

Dänemark, Friedrich VI. (1808–1839), Rigsbankdaler = ¹/₂ Species 1833

Dänemark, Christian VIII. (1840–1848)
Rigsbankdaler = 30 Schillinge Courant 1848

schlechterung in Dänemark, die ihren Höhepunkt in den napoleonischen Kriegen erreichte, an denen Dänemark wegen seiner Feindschaft zu England (Vernichtung der Flotte vor Kopenhagen 1807) auf »der falschen Seite« teilnahm. Schon 1788 hatte der Speciestaler einen Umrechnungskurs von 120 dänischen Schillingen (= 60 Schillinge Schleswig-Holsteinisch Courant) und 3 Mark Schleswig-Holsteinisch = 6 Mark Dänisch gehabt. 1813 war die dänische Währung total zerrüttet (Staatsbankrott) und mußte durch drakonische Maßnahmen reformiert werden, wobei eine neue Rigsbankdaler-Währung eingeführt wurde, die de jure das Geldwesen der Herzogtümer mit dem dänischen verschmolz. Das neue gesetzliche Zahlungsmittel »Rigsbankdaler« galt auch für Schleswig-Holstein und wurde auf den Wert von $^1/_2$ Species festgesetzt.

Nicht nur aus politischen Gründen, sondern aus Überlieferung mißtraute die schleswig-holsteinische Bevölkerung diesem neuen Geld; sie mußte zwar an den öffentlichen Kassen die gesetzlich vorgeschriebene dänische Währung zahlen, behielt aber im privaten Geldverkehr den Speciestaler bei, wie er vorher in Hypotheken und langfristigen Verträgen ausgeliehen war. Hierzu kam noch, daß die Umrechnung der neuen dänischen Rigsbankdaler-Währung in Schleswig-Holsteinisch Courant sehr schwierig und in den kleineren Nominalen nur mit Bruch-Kunststücken möglich war. Beispiele:

1 Rigsbankdaler (dän.)	=	$^1/_2$ Species = 30 Schillinge Schl.-Holst.
16 Rigsbankschillinge (dän.)	=	5 Schillinge Schlesw.-Holst.
4 Rigsbankschillinge (dän.)	=	$1^1/_4$ Schilling Schlesw.-Holst.
1 Rigsbankschilling (dän.)	=	$^5/_{16}$ Schilling Schlesw.-Holst.

Da diese Umrechnungs-Rechenkünste zum Fehlschlag des dänischen Strebens nach Einführung der dänischen Währung in Schleswig-Holstein zu führen drohten, bestimmte 1841 der dänische König Christian VIII. nach seinem Regierungsantritt, daß die dänischen Münzen außer dem »offiziellen« Wert in dänischer Rigsbank-Währung gleichzeitig den Gegenwert in alter schleswig-holsteinischer Courantwährung aufgeprägt erhalten mußten, also eine Art Doppelwährung darstellten.

Alles dies half nichts gegen die Auflehnung der deutsch denkenden und fühlenden Bevölkerung der Herzogtümer, die 1848 infolge Verweigerung einer fortschrittlichen Verfassung und dänischer Einverleibungspolitik zur schleswig-holsteinischen Erhebung führte. Das Geldwesen der Jahre 1848–1851 wird in Teil III. 5. »Schleswig-Holsteinische Erhebung und Preußen/Deutsches Reich« abgehandelt.

Nach dem Zusammenbruch der Erhebung kehrten auch die alten dänischen Verhältnisse in Verwaltung und Geldwesen zurück. Um der dänischen Vorherrschaft auch äußerliches Zeichen zu geben, führte der dänische König Friedrich VII. (1848–1863) am 1. 4. 1854 eine Umbenennung der Währung ein, ohne daß der Münzfuß irgendwie geändert

Dänemark, Friedrich VII. (1848–1863), Rigsdaler 1854

wurde. Um den dänischen Gesamtstaat zu betonen, erhielt sie den Namen Rigsmont = Reichsmünze. So hießen von da ab die Rigsbankdaler = Rigsdaler und die Rigsbankskillinge = Skilling R.M. (Rigsmont). Der gleichzeitig verfügte Wegfall von Species und Courant wurde nie durchgeführt; als der König 1863 ohne männliche Nachkommen starb, galt zwar die weibliche Erbfolge durch Christian IX. in Dänemark, aber nicht in Schleswig-Holstein und Lauenburg (männliche Thronfolge).

Das Herzogtum Lauenburg hatte Dänemark von Preußen gegen Schwedisch-Vorpommern eingetauscht. Seitdem lautete der Titel des dänischen Königs bis 1971 »König von Dänemark, Herzog von Schleswig-Holstein und Lauenburg«. Erst die junge Königin Margrethe ließ die Herzogtitel 1973 offiziell mangels praktischer politischer Bedeutung streichen.

Lauenburg hatte schon als Herzogtum Sachsen-Lauenburg zum Niedersächsischen Kreis gehört und wurde von 1296—1689 von einer Linie des askanischen Herzogshauses regiert. Nach Regelung der Erbstreitigkeiten (der letzte Herzog Julius Franz hatte eine braunschweig-lüneburgische Gemahlin) kam das Herzogtum an Braunschweig-Lüneburg; im Wiener Frieden 1815 erwarb Preußen das Herzogtum.

Herzogtum Lauenburg, Friedrich VI. v. Dänemark
²/₃ Taler (Leipziger Fuß) 1830

Nur eine einzige Münze ist während der dänischen Herrschaft für Lauenburg geprägt worden: der Gulden (²/₃ Taler) des Königs Friedrich VI. (1808—1839), der den Handelsmünzen in Norddeutschland (Leipziger Fuß) genau entsprach.

5. Schleswig-Holsteinische Erhebung und Preußen/Deutsches Reich

Die Schleswig-Holsteinische Erhebung 1848—1851 ist auch im Geldwesen als Vor- oder Zwischenstufe für das endgültige Ausscheiden der Herzogtümer aus dem dänischen Gesamtstaat zu sehen und zusammengebrochen, als der preußische König Friedrich Wilhelm IV. die Kaiserwürde eines neuen deutschen Reiches ablehnte und den Schleswig-Holsteinern seine Hilfe versagte. Trotzdem hat die Provisorische Regierung (Statthalterschaft) in der kurzen Zeit ihres Bestehens beachtliche Än-

Statthalterschaft, Kupferner Sechsling 1850

Statthalterschaft, Silberner Schilling 1851

derungen bzw. Neuerungen eingeführt. Bereits 1850 bekam das Land als 3. in Deutschland Briefmarken (Dänemark erst 1851), vor allem wurden wieder schleswig-holsteinische Münzen nach Courant eingeführt, von denen allerdings nur die Scheidemünzen aus Kupfer in größerer Zahl hergestellt werden konnten (Sechslinge von 1850 und Dreilinge von 1850 und 1851). Für ein silbernes Schillingstück liegen zwar die Prägestempel in Kopenhagen, geprägt wurden davon aber nur wenige Proben.

Als die Trennung von Dänemark aber 1863/64 durch die Reichsexekution sowohl rechtlichen wie materiellen Ausdruck erhielt, scheinen sich die Bestrebungen zur Einführung einer eigenen schleswig-holsteinischen Währung — jetzt im gesamtdeutschen Vereinstaler-Fuß — wieder geregt zu haben. Dies kann man aus dem Unikum eines preußischen Vereinstalers schließen, auf dessen Königskopf ein fast vollständig verdeckendes Wappen Schleswig-Holsteins aufgeprägt wurde — also zweifellos eine Probe. Die sich überstürzenden politischen Ereignisse haben diese geldgeschichtliche Entwicklung überholt: Die gemeinsame Besetzung (preußische in Schleswig, österreichische in Holstein und Lauenburg) dauerte nur 2 Jahre und machte 1866 durch den preußischen Sieg über Österreich das Land zur preußischen Provinz, was viele Schleswig-Holsteiner mit ihrer Erhebung nicht beabsichtigt hatten. Viele wollten den »angestammten« Herzog von Augustenburg als selbständigen Landesherren sehen. Die mächtigen Einigungsbestrebungen zum gemeinsamen Deutschen Reich und die Politik Bismarcks ließen solche Wünsche unerfüllt.

Probe eines schleswig-holsteinischen Vereinstalers

Schon 1864 wurde die dänische Währung sowohl von der deutschen Verwaltung in Schleswig als auch von der österreichischen in Holstein abgeschafft, aber leider die Umrechnung verschieden angeordnet, obwohl im Lande selbst der Vereinstaler als Umrechnungseinheit = 40 Schilling Schleswig-Holsteinisch Courant als zweckmäßig angesehen wurde. Die gewaltsame Regelung von 1866 führte dann auch im Geldwesen die Gemeinsamkeit herbei, indem die preußische Provinz auch die preußische Währung erhielt, d. h.

1 Species (schlesw.-holst.) = 60 Schill. = 1½ Vereinstaler,
1. Vereinstaler (preuß.) = 30 Silbergroschen = 40 Schillinge Courant,
1 Silbergroschen (preuß.) = 12 Pfennige (preuß.) = 4/3 Schill. = 16 Pf S.H.,
1 Schilling S.H. = 12 Pf S.H. = 9 Pf (preuß.),
mit den entsprechenden Unterteilungen, nach denen die bisherige Währung umgerechnet wurde.

Auch diese Periode dauerte nur 4 Jahre. Die Einigungsziele der Deutschen brachten mit der Gründung des »Neuen« Deutschen Reiches ohne Österreich 1871 auch im Geldwesen Einigung durch die neue Dezimalwährung 1 Mark = 100 Pfennige, die damals eine fortschrittliche Tat mit weitreichenden Folgen gewesen ist. Nicht nur, daß das alte 12-System (in Schleswig-Holstein 12 Pfennige = 1 Schilling, in Preußen 12 Pfennige = 1 Silbergroschen) nach über 1000 Jahren endgültig verschwand, es wurden auch die so unterschiedlichen Silberwährungen in Nord- und Süddeutschland auf die Goldwährung umgestellt, der bisherige Taler auf 3 Mark festgesetzt und der Groschen auf 10 Pfennige. Wie beharrlich die alten Bezeichnungen aber erhalten bleiben, zeigt der »Sechser« für den halben Groschen in Berlin, wie er heute noch im Volksmund heißt, obwohl er seit über 100 Jahren ein »Fünfer« ist.

Auch der Taler blieb im Volke noch so bekannt und beliebt, daß auch im Dezimalsystem ab 1908 neue Taler = 3 Mark als »Denkmünzen« erlaubt wurden, obwohl sie in das Dezimalsystem (1, 2, 5, 10) nicht gehören.

Die Prägung von Reichsgoldmünzen begann bereits 1872 (20 Mark, 10 Mark und 5 Mark; letztere wurden nur 1877 und 1878 hergestellt und 1900 ungültig, da wegen Kleinheit unpraktisch). Die Vorderseiten zeigten Abbildungen der Landesherren bzw. das Wappen der Hansestädte, die Rückseiten mußten für alle Münzstätten gleich sein (Reichsadler mit Umschrift »Deutsches Reich«, Ausgabejahr und Wert). Die Münzstätten sind mit großen lateinischen Buchstaben gekennzeichnet und zwar wie folgt:

Münz-buchstabe	Münzstätte	tätig bis/für	Prägungs-anteil bis 1945	nach 1945 (1950)
A	Berlin	1945		Ost-Berlin
B	Hannover	1877	ca. 50 %	—
C	Frankf./M.	1878		—
D	München	Bundesrepublik	ca. 12 %	26 %
E	Dresden	1953 (DDR)	ca. 7 %	—
F	Stuttgart	Bundesrepublik	ca. 9 %	30 %
G	Karlsruhe	Bundesrepublik	ca. 5 %	17 %
H	Darmstadt	1882	gering	
J	Hamburg	Bundesrepublik	ca. 7 %	27 %
B	Wien	nur 1938—1945	ca. 10 %	—
			100 %	100 %

Der Prägung der Goldmünzen lag das Gesetz vom 4. 12. 1871 zugrunde. Scheidemünzen folgten ab 1876 nach dem Münzgesetz vom

9. 7. 1873. Ihre 1- und 2-Pfennig-Stücke wurden aus Kupfer, 5, 10, 20 und 25 Pfennig (letztere beiden nur kurze Zeit geprägt) aus Nickel, 20 Pfennig (nur 1873—1877), 50 Pfennig, 1, 2, 3 und 5 Mark aus Silber hergestellt. Die beiden Gesetze beseitigten den Wirrwarr von 119 bis 1871 in Deutschland geprägten verschiedenen Münztypen.

Die neue Währung begleitete eine 40jährige wirtschaftliche Entwicklung, während der die Kaufkraft des Geldes bis 1900 um ca. 10 % stieg; selbst während des Jahrzehnts vor dem I. Weltkrieg blieb die Stabilität weitgehend erhalten. Nachteile des Goldautomatismus für die Beschäftigung traten nicht ein, weil das wirtschaftliche Wachstum im Zeitalter der Industrialisierung erhalten blieb.

Am 31. 7. 1914 stellte die Reichsbank die Einlösung von Banknoten gegen Gold ein, weil die Mobilmachung befohlen wurde, die Beginn des I. Weltkriegs war. Ihre Einlösungspflicht wurde durch Gesetz vom 4. 8. 1914 aufgehoben, und die Zeit stabilen Geldes in Deutschland war vorbei. Gold- und Silbermünzen verschwanden fast schlagartig aus dem Verkehr und mußten durch Papier (auch Reichsbanknoten unter 20 Mark) ersetzt werden, das wegen Mangels an Kleingeld von zahlreichen Behörden schon während des Krieges im Wert von 50 Pfennig ausgegeben wurde. Die Scheidemünzen aus rüstungswichtigem Metall (Kupfer, Nickel) wurden eingezogen und durch solche aus Eisen, Zink oder Aluminium ersetzt, ein Vorgang, der sich im II. Weltkrieg von 1939—1945 in gleicher Weise wiederholte.

Die nach Verlust des I. Weltkriegs einsetzende Hochinflation (s. Abschnitt III. 2. Papiergeld) überstürzte sich so schnell, daß die Münzprägung nicht mehr mitkam und Zahlungsmittel zur Hauptsache durch Papiergeld aller Art ersetzt wurden, das schnell und in beliebiger Menge gedruckt werden kann — wie seit altersher sein Vorteil, aber auch seine Gefahr bei unkontrollierter Vermehrung ohne Beschränkung auf die notwendige Knappheit. Man versuchte zwar, 1923 noch Aluminium-Münzen zu 200 und 500 Mark in den Verkehr zu bringen; irgendwelche Bedeutung haben sie nicht gewonnen, denn zur Bezahlung von 1 Rentenmark = 1 Billion Mark hätte man ja mindestens 2 Milliarden solcher Münzen benötigt. Die Münzstätten (alle zusammen) haben aber nur 280 Millionen solcher Münzen prägen können.

Dem Wahnsinn setzte die Rentenmark am 30. 11. 1923 ein Ende; seinen Grund hatte er in:

a) dem zu hohen Zahlungsmittelumlauf, dem keine kaufwürdige Produktion gegenüberstand (Folge Inflation, wie nach jedem Krieg);

b) dem Versuch der Siegermächte, ihre eigenen Kriegskosten durch »Reparationen« (kostenlose Warenlieferungen und Dienstleistungen des Besiegten) ersetzt zu erhalten, was durch Zerstörung der Wirtschaft des Besiegten nicht nur zu dessen Verarmung, sondern auch dazu führen kann, daß der Sieger überhaupt nichts bekommt.

Wilhelm I. (1871–1888), 5 Mark 1874

Friedrich III. 1888, 5 Mark

Wilhelm II. (1888–1918), 5 Mark 1903

Dem »Wunder der Rentenmark« entsprachen auch die Rentenmark-Münzen ab 1924, deren 1- und 2-Pfennig-Stücke wieder aus Kupfer, 5, 10 und 50 Pfennig aus einer neuen gelblichen Legierung aus Kupfer und Aluminium und deren Markwerte aus 50 % Silber bestanden. Als die Stabilität der Rentenmark, deren Umlauf streng begrenzt blieb und ihr dadurch rasch Ansehen verschaffte, sich erwies, konnte die Weimarer Republik als neue Währung im August 1924 die »Reichsmark« einführen. Ihre Deckung sollte zu 33¹/₃ % aus »Gold und Devisen« bestehen, d. h. Goldmünzen und Barren sowie Forderungen gegen das Ausland. Es erwies sich, daß die frühere Goldeinlösungspflicht nicht erforderlich war, solange die Geldmenge übersichtlich limitiert und die Landeszahlungsbilanz in Ordnung war (Ausgleich von Einfuhr gegen Ausfuhr, kein Schuldenmachen im Ausland).

In der Münzprägung nahm die Weimarer Republik die Tradition der »Sonderprägungen« des Kaiserreichs wieder auf, indem Silbermünzen im Wert von 3 und 5 Reichsmark auf besondere historische oder kulturelle Anlässe geprägt wurden. Ihr Gewicht war nur wenig unter dem der Kaisermünzen, jedoch der Silbergehalt statt 90 % nur 50 %. Äußerlich wurde dieser Unterschied kaum bemerkt.

Weltwirtschaftskrise und Nationalsozialismus als dessen Folge machten der Erholung in Deutschland ein Ende. Als Kuriosum prägte die Republik 1932 ein 4-Pfennig-Stück aus Kupfer (»Brüning«-Pfennig genannt nach dem damaligen Reichskanzler), das überhaupt nicht in das Dezimal-System paßt. Entgegen landläufigen anderen Erklärungen ist die Erklärung für diesen Wert wahrscheinlich, daß das Postporto am 1. 1. 1932 für Postkarten auf 6 und für Briefe auf 12 Reichspfennig festgesetzt wurde. Beim Herausgeben auf solche Beträge hätte man stets mehrere bisherige Kupfermünzen zu 1 oder 2 Pfennige gebraucht.

Die Münzprägung der nationalsozialistischen Regierung ist ohne alle Besonderheiten; Münzen mit Hitler-Darstellung gibt es nicht. Das Hakenkreuz als Hoheitszeichen oder unter dem Reichsadler tritt erst ab 1936 in Erscheinung. Dagegen wurden Münzen zu 2 und 5 Reichsmark verkleinert und Frakturschrift statt Antiqua eingeführt. Gedenkmünzen gab es nur bis 1934 (drei Ausgaben: Luther, Schiller, Garnisonkirche), und nach Ausbruch des II. Weltkrieges wiederholte sich der Einzug der Münzen aus rüstungswichtigen Metallen (Kupfer, Nickel) und ihr Ersatz durch solche aus Zink oder Aluminium. Eingezogen wurden in den ersten Kriegsjahren auch nach dem »Anschluß« von Österreich (1938) und Danzig (1939) als gesetzlich zugelassene Kleinmünzen dieser Gebiete aus Rüstungsmetall.

In der Zeit bis zur Währungsreform 1948 (Einführung der Deutschen Mark) begannen die sowjetischen Besatzungsbehörden sehr früh eine Politik der Trennung ihres Gebiets von den Westzonen Deutschlands auch im Geldwesen, die am 20. 6. 1948 endgültig wurde. In Dresden-

Muldenhütte 1947 und 1948 geprägte Versuchsmünzen aus russischem Aluminium wurden von den westlichen Besatzungsmächten abgelehnt.

Im Westteil Deutschlands, der heutigen Bundesrepublik, ließen die Besatzungsbehörden aus noch vorhandenen Kriegs-Schrötlingen 1-, 5- und 10-Reichspfennig-Münzen prägen, aus deren Reichsadler das Hakenkreuz entfernt war.

Für die neue Währung ab 20. 6. 1948 wurden anfangs alle Zahlungsmittel aus Papier gedruckt, auch die 5- und 10-Pf-Werte; um genug Kleingeld zu haben, blieben die vorher gültigen Rentenbankscheine zu 1 Rentenmark mit $^1/_{10}$ ihres Werts noch kurze Zeit in Umlauf. Erst in der 2. Jahreshälfte 1948 wurden die ersten Münzen in Deutsche Pfennig/Deutsche Mark fertig; außer plattierten (d. h. Eisenkern mit dünner Auflage aus Buntmetall) Münzen bis 10 DPf gibt es solche aus Kupfer-Nickel im Wert von 50 DPf, 1, 2 und seit 1975 auch 5 Deutsche Mark, nachdem von 1951—1974 die 5-DM-Münzen zu $^{626}/_{1000}$ aus Silber bestanden haben.

Bis zur Gründung der Bundesrepublik Deutschland erfolgte die Prägung unter dem Namen der Bank Deutscher Länder; seit 1950 sollen Münzen nur noch mit dem Namen Bundesrepublik Deutschland geprägt werden.

Im Jahre 1952 nahm die Bundesrepublik die Tradition der Weimarer Republik mit der Prägung von Gedenkmünzen zu besonderen historischen oder kulturellen Anlässen in Gestalt der »Sonderprägungen« zu 5 DM wieder auf. Diese bestehen wie die ersten Courant-5-DM-Münzen alle aus $^{625}/_{1000}$ Silber und $^{375}/_{1000}$ Kupfer. Aus dem gleichen Metall wurde für die 20. Olympiade 1972 eine Serie von Sonderprägungen, jedoch im Nennwert von 10 DM, von allen 4 Münzstätten geprägt, deren Münzgewinn zur Finanzierung der Spiele in München und Kiel beitrug.

Alle diese Münzen sind Scheidemünzen, d. h. in Metall weniger wert als ihr Nennbetrag. Nach dem Gesetz über die Ausprägung von Scheidemünzen vom 8. 7. 1950 ist der Gewinn der Münzprägung (Ausnahme XX. Olympiade s. o.) zur Finanzierung des Wohnungsbaus zu verwenden. Die Menge der auszugebenden Münzen bestimmt der Zentralbankrat der Deutschen Bundesbank (bis 1955 Bank Deutscher Länder). Er setzt sich aus dem Direktorium der Deutschen Bundesbank und den Präsidenten der elf Landeszentralbanken zusammen unter Vorsitz des Präsidenten der Deutschen Bundesbank. Die erlaubte Menge wird nach der Einwohnerzahl der Bundesrepublik angegeben und betrug anfangs 30,— DM/Kopf. Wegen Kleingeldmangels und der beträchtlichen, in Automaten zeitweilig »ruhenden« Münzenzahl mußte sie wiederholt erhöht werden. Am 1. Januar 1977 betrug sie ca. 100,— DM/Kopf.

1 Mark 1914

1 Rentenmark 1924

1 Reichsmark (Silber) 1926

1 Reichsmark (Nickel) 1937

1 Deutsche Mark 1966

IV. Schlusswort

Selbst bei Beschränkung auf ein so kleines Gebiet kann eine Darstellung der vielschichtigen Geldgeschichte, die zwecks Gelesenwerdens kurz sein muß, nur Wesentliches bringen; Einzelheiten oder örtliche Besonderheiten ergeben sich aus den umfangreichen Spezialwerken z. B. über hansisches, dänisches, niedersächsisches oder mecklenburgisches Münzwesen mit ihrem Einfluß auf Schleswig-Holstein. Es wäre aber wenig nützlich, aus den Erfahrungen auch der kürzesten Geldgeschichte nicht Lehren für unsere Zeit zu ziehen und in Münzen und Papiergeld nur Sammelobjekte zu sehen, soweit sie nicht noch gültig sind. Geld ist und wird von Menschen gemacht, seit 400 Jahren mit Hilfe von Maschinen, es ist mit den menschlichen Schwächen behaftet und erhält Güte und Mangel von Menschen; seine Geschichte sachlich darzustellen, hat mit Parteipolitik nichts zu tun. Die Probleme guten Geldes sind stets die gleichen gewesen; geändert haben sich lediglich die Methoden, es zu erhalten oder zu verschlechtern, und zwar je nach den technischen Möglichkeiten.

Aus unserer kleinen schleswig-holsteinischen Geldgeschichte hat sich ergeben:

a) Die Wirtschaft braucht und will deshalb stabiles Geld. Schuld an schlechtem Geld sind die Verantwortlichen, d. h. die Politiker. In früherer Zeit waren das die Fürsten (weltliche genau wie geistliche), heute gehören nicht nur Regierung und Parlament, sondern auch Tarifparteien und Verbände, soweit sie Einfluß auf den Geldwert haben, zu den Politikern. Stabiles Geld gibt es nur, wenn sowohl den Regenten als auch sämtlichen Einwohnern daran gelegen ist (Titelblatt).

b) Geld mit Metallwert (Edelmetall) zwang zur Vernunft (Gold- und Silberwährungen). Da es solches Geld mit Wert seines Nominals in Metall nicht mehr gibt und geben wird, sondern nur noch Scheidemünzen, ist dieses Problem für uns ohne Belang. Wir dürfen beim Geld ohne eigenen Wert (Scheidemünzen und Papiergeld) nur nicht vergessen, daß sein Wert von Menschen abhängt (manipulierte Währung).

c) Zuviel Geld, d. h. Vermehrung über vorhandene, kaufbereite Güter hinaus, führt zu Preissteigerung und Vermindern des Geldwerts (Inflation). Dabei ist gleichgültig, ob die Vermehrung nach Kipper- und Wipper-Art durch mehr Geld aus der gleichen Metallmenge, durch Krieg (hohe Verdienste ohne ausreichendes Warenangebot) oder durch unkontrolliertes Ingangsetzen der Notenpresse erfolgt. Ist das »zu viele« Geld »zu schlecht« geworden, bleibt nichts übrig, als neues gutes durch eine neue Währung (Währungsreform) zu schaffen. Auch das neue kann nur gut bleiben, wenn es mit Vernunft knapp gehalten und nur dem Bedarf entsprechend vermehrt wird.

d) Schlechtes Geld verdrängt immer gutes, wenn es nicht abgewehrt wird oder werden kann. In einem Wirtschaftssystem, das bei offenen Grenzen vom Außenhandel abhängig ist, kann deshalb der Beste keine stabile Währung haben, wenn der böse Nachbar Inflation betreibt. Diese Inflation nennen wir importiert.

Natürlich ist Geld- und Wirtschaftspolitik so einfach nicht; natürlich wird 100 % stabiles Geld ein Ideal bleiben, das man nicht immer, vielleicht nur ausnahmsweise erreichen kann. Aber deshalb muß es ein erstrebenswertes Ziel bleiben und darf nicht als Utopie über Bord geworfen werden. Es wäre ein guter Maßstab für die Güte einer Regierung, wie nahe sie dem Ideal von 100 % mit ihrer Finanz- und Wirtschaftspolitik kommt; jedes Prozent näher ist ein Gewinn für die allgemeine Wohlfahrt, weil dies allen Bürgern zugute kommt.

Klingen die Texte des Titelblatts nicht, als wären sie heute geschrieben? Schon damals hatten Vernunft und Erfahrung gelehrt, daß mit Durchsetzen von Einzel- oder Gruppeninteressen auf Kosten »sämtlicher Einwohner« kein gutes Geld zu haben ist. Mit Ideologien, Klassenkampf oder Erpressung zu eigenen Gunsten schafft man keine stabile Währung, und unsachliche Propaganda bedeutet Vernebeln der Realität; etwas Realeres als Kaufkraft des Geldes gibt es kaum.

Weil die Bevölkerung dies aus Erkenntnis oder Instinkt fühlt, will an der Inflation auch nie jemand schuld haben, alle weisen mit dem Finger auf die anderen, die zu hohe Preise forderten, zu hohe Löhne erhielten oder als Staat zuviel Geld ausgäben. Dabei wäre es töricht, die Wohlstandszunahme nicht allen Bürgern gleichmäßig zukommen zu lassen, vor allem nicht den Arbeitenden. Mit Inflation gelingt das aber gewiß nicht, denn es erscheint wirklich nicht als politischer Erfolg oder gar als der Weisheit letzter Schluß, wenn man mit immer mehr Geld doch nur dasselbe kaufen kann wie vorher mit weniger und dadurch sogar Vermögensbildung durch Sparen gefährdet wird.

Man kann keinen Staat leichter zu Fall bringen, als wenn man seine Währung untergräbt (Lenin). Sozialistische Staaten halten ihre Währung mit Gewalt stabil, dafür ohne Wert außerhalb der eigenen Region und nur zeitweise; in freiheitlichen Staaten gelingt dies nur durch Selbstdisziplin und Vernunft, wie die Geldgeschichte lehrt. Der Betrug der Inflation trifft jeden, ohne daß er sich dagegen wehren kann wie gegen jede andere Art von Betrug. Eine Regierung, die Inflation duldet oder verursacht, bringt sich selbst um die Möglichkeit von Reformen, denn solche kosten vor allem Geld. Mehr Selbstverantwortung ist nur bei stabiler Währung erreichbar, und die meisten Schwierigkeiten unserer Jahre 1976—1977 wäre ohne Inflation gar nicht entstanden. In der Demokratie sind wir alle schuld daran.

H. Behrens, Münzen und Medaillen der Stadt und des Bistums Lübeck, Verlag Berliner Münzblätter, Berlin 1905

Deutsche Bundesbank, a) Währung und Wirtschaft in Deutschland 1876 bis 1975, Verlag Fritz Knapp GmbH, Frankfurt 1976; b) Mehrere Bildbände über Taler und Papiergeld

B. Dorfmann, Das Münz- und Geldwesen des Herzogtums Lauenburg, Verlag A. Riechmann u. Co., Lübeck 1969

L. v. Ebengreuth, Allgemeine Münzkunde und Geldgeschichte, Verlag R. Oldenbourg, München 1926

O. C. Gaedechens, Hamburgische Münzen und Medaillen (mehrere Bände), Verlag J. A. Meyer, Hamburg 1850–1876

Grimm, Münzen und Medaillen der Stadt Wismar, Verlag A. Weyl, Berlin 1897

J. C. Hirsch, Des Teutschen Reiches Münzarchiv, 9 Bände, Nürnberg 1756

W. Jesse, Der Wendische Münzverein, Hansischer Geschichtsverein, Lübeck 1928

W. Jesse, Niedersächsische Geldgeschichte, Waisenhaus-Druckerei, Braunschweig 1952

H. Jungk, Die Bremischen Münzen, Verlag C. Ed. Müller, Bremen 1875

Chr. Lange, Sammlung Schleswig-Holsteinischer Münzen und Medaillen (2 Bände), Berlin 1908

H. H. Schou, Beskrivelse af Danske u.s.w. Mönter 1448–1923, Numismatisk Forening, Köbenhavn 1926

F. v. Schroetter, Wörterbuch der Münzkunde, Verlag W. de Gruyter u. Co., Berlin 1930

E. Waschinski, Währung, Preisentwicklung und Kaufkraft des Geldes in Schleswig-Holstein von 1226–1864 (2 Bände), Verlag Karl Wachholtz, Neumünster 1952

HERKUNFT GEBRÄUCHLICHER GELDBEZEICHNUNGEN UND IHRER ABKÜRZUNGEN

ALBUS
: von lat. albus = weiß, d. h. aus gutem Silber (s. Witten und Rappen). Hauptgroschenmünze des Niederrheins bis zur Einführung des Talers (z. B. denarius albus Coloniensis).

AS
: antikes Gewicht und antike Münze (anfangs ca. 267 g, eingeteilt in 12 uncias = Unzen), bei Einführung des römischen Silberdenars wurde sein Wert auf 10 Kupferasse festgesetzt.

BARREN
: von franz. barre = Stange, in Stangenform gegossenes Metall. Früher aus Edelmetall für größere Barzahlungen benutzt.

BATZEN	abgeleitet von Petz = Bär, dem Stadtwappen von Bern.
BLAFFERT	Herkunft des Namens unklar (von Franz. blafard = bleich?), hohle 2-Pfennig-Münzen aus Silber.
BOEHM	in Schlesien gebräuchlicher Name für Groschen nach dem in Mengen umlaufenden Prager Groschen aus Böhmen.
BRAKTEAT	von spätlat. bractea = Blech, bracteatus also = Geblechter. Einseitig geprägte Silbermünzen aus dünnen Schrötlingen, um größere Darstellungen zu ermöglichen (s. Hohlpfennige).
CENT	von lat. centum = 100, bedeutet also = $^1/_{100}$ (franz. centime, ital. centesimo, span. centavo).
DENAR	von lat. deni = je 10 (s. As). Denarius also = Zehner. Seit Karl d. Gr. Bezeichnung des Pfennigs. Heute als Dinar Währungseinheit von Jugoslawien und Tunesien.
DOLLAR	vom plattdeutschen »Dåler« = Taler. Währungseinheit der USA, die bei Einführung 1792 dem spanisch/mexikanischen Peso aus Silber entsprach. Daher die Abkürzung $ = Peso de à ocho, weil der Peso den Wert von 8 Realen hatte.
DRACHME	griech. = das Gefaßte, Gewicht und Rechnungseinheit des Altertums im östl. Mittelmeer, heute griechische Währungseinheit.
DITTCHEN/ DÜTTCHEN	in Ostpreußen gebräuchlicher Name für Groschen, im übrigen Norddeutschland Name der 3-Schilling-Silbermünzen ($^1/_{16}$ Taler nach der Kipperzeit) im 17. Jahrh. (von poln. dudek = Wiedehopf oder deut/duit = wenig).
DUKAT	ursprünglich Goldmünze Venedigs, abgeleitet vom letzten Wort der Umschrift: »Sit tibi christe datus, quem tu regis iste ducatus« (es sei Dir, Christus, gegeben dieses Herzogtum, das Du regierst). Von 1559–1871 Hauptgoldmünze in Deutschland.
ESCUDO	von lat. scutum = Schild (Wappenschild auf der Münze), ital. scudo (s. Schilling).
FRANC	von franc = frei, vielleicht nach der ersten Prägung anläßlich der Freilassung des französischen Königs Johann aus englischer Gefangenschaft.
GELD	von gelten = Gegenwert (Entgelt).
GROSCHEN	erster silberner Mehrfachpfennig (denarius grossus) von lat. grossus = dick im Wert von 12 Denaren (Pfennigen), 1266 als denarius grossus turnosus (Turnose) im französischen Tours geprägt.
GULDEN	Goldmünze, die Abkürzung »Fl« stammt vom Goldgeld aus Florenz (floreno d'oro = Florentiner aus Gold), daher Hfl. = holl. Gulden und Florin = 2 Schillinge in England bis 1971.
HELLER	eigentlich »Häller«, Pfennig von Schwäbisch Hall nach dessen Münzregal.
HOHLPFENNIG	silberner, einseitig geprägter Pfennig im 13.–16. Jahrhundert wie Bracteaten (s. d.), nur primitiver und kleiner.

KIPPERMÜNZE	geringwertige Münzen der Kipper- und Wipperzeit (1617 bis 1622). Kippen = schlechtes Metall zum Einschmelzen kippen; Wippen = schlechtes Gewicht auf der Waage.
KORN	Feingehalt der Münzen an Edelmetall (s. Schrot).
KREUZER	Münze mit Kreuz, ursprünglich wohl Tiroler denarius grossus (Etschkreuzer).
KRONE	von lat. corona = Kranz, franz. couronne, engl. crown. Nach der von Christian IV. 1619 eingeführten »corona danica« nannten 1875 alle skandinavischen Länder ihre Dezimalwährung »Krone«.
LIRA	von lat. libra = Pfund (s. d.).
MARK	von Marke. Geprüfte Barren wurden markiert als Zeichen richtigen Gewichts. Aus den runden Markierungen entstand die runde Form der Münze. Am gebräuchlichsten bis zur Einführung des Pfunds (= 1/2 kg) in Deutschland war die Kölnische Mark (marca coloniensis = ca. 234 g).
MONETEN	von lat. monere = ermahnen. Die Münzstätte Roms lag neben dem Tempel der »Juno moneta« (Hüterin der Sitte). Daher Münze = Werkstatt und Erzeugnis.
ÖRE	von lat. aurum = Gold, da das älteste dänische Gewichts- und Geldsystem vom römischen abgeleitet war. Heute Name der skandinavischen Kleinmünzen, in Island Aur.
PESO	span. Gewicht (s. Dollar), Peseta = kleines Gewicht.
PFENNIG	Herkunft ungewiß (dän. penge = Geld, ungar. pengö). Möglicherweise von lat. pecunia = Geld. Abkürzung von denarius.
PFUND	aus lat. pondus = engl. pound, Abk. £ = libra, gleichfalls = Pfund, ital. und türk. Lira, ursprünglich ein Pfund silberne Pfennige bzw. ein Gewichtspfund Silber. Daher auch Abkürzung ₰ aus l und b = libra.
PIASTER	Talermünze im Wert des spanischen Peso de à ocho.
PORTUGALÖSER	Großgoldmünze im Wert von 10 Dukaten (35 g) nach portugiesischem Vorbild. Name nach der inneren Umschrift: »Nach Portugalis Schrot und Korn«.
RAPPEN	geringwertige Münze aus Schwarzsilber (Name noch erhalten im schwarzen Pferd). Heute Kleinmünze in der Schweiz, berappen = bezahlen.
SCHEIDEMÜNZEN	Name für Münzen, die nicht dem vorgeschriebenen Metallwert entsprachen, sondern weniger. Es waren meist Kleinmünzen, deren Herstellung wegen zu hoher Arbeitskosten nur mit Verlust möglich war. Der Begriff stammt von scheiden = trennen (»damit der gemeine Mann sich beim täglichen Kaufen und Verkaufen voneinander scheiden kann«). Heute gibt es in Deutschland nur noch Scheidemünzen.
SCHILLING	lat. solidus, 1/20 libra oder pondus. Name von Schilding/ Schilling (s. Escudo) oder von schellen = richtig klingen.

83

SCHERF	von scherfen = halbieren. Begriff für ¹/₂ Pfennig (Scherflein der Witwe). Jäger »scherfen« geschossenes Wild.
SCHROT	Gewicht, »Schrötlinge« heißen die Metallplättchen, aus denen Münzen geprägt werden. Von echtem Schrot und Korn = von richtigem Gewicht und Feingehalt (s. Korn).
SCHWAREN	Schwerer. Name des Pfennigs im Bremer Gebiet.
SECHSER	von Sechsling (6 Pfennige) = ¹/₂ Schilling = ¹/₂ Silbergroschen.
SOVEREIGN	von Souverän (Bild des Herrschers auf der Münze) = ein engl. Pfund.
SPECIES	»in specie« = in einem Stück. Münze mit vorgeschriebenem Metallgehalt (z. B. Speciestaler = harter Taler) im Gegensatz zur Scheidemünze.
STERLING	Die oft gebrauchte Erklärung »Geld der Österlinge« (= der hansischen Kaufleute aus dem Osten) ist sicher falsch. Das Wort stammt vom keltischen stere = schwer (engl. = heavy, solid). Bei einer Münzreform im 11. Jahrhundert wurden in England die zu leichten Pfennige durch »stere penegas« ersetzt, d. h. durch bessere schwerere Pfennige. Da es damals anderes Geld als Pfennige nicht gab, wurde aus dem Eigenschaftswort stere das Hauptwort »sterling« = Schwerling gebildet (s. auch bei den Juwelieren: »Sterling«-Silber = schweres Silber). Die franz. Fassung »esterlin« = Sterling (e-Präpositum vor Anfangs-s in romanischen Sprachen) hat wahrscheinlich die falsche Deutung »Österling« verursacht.
TALER	abgekürzt aus »Joachimstaler«, erste seit 1518 von den Grafen Schlick in St. Joachimstal (Erzgebirge) geprägte Groß-Silbermünze im Wert des Goldguldens (s. Dollar).
WITTEN	frühester hansischer Mehrfachpfennig (Wert 4 Pfennige) aus gutem (weißem) Silber. Weiß = plattd. Witt (s. Albus und Rappen).
ZECHINEN	Geld aus der Münzstätte Venedigs. Ital. la zecca = Münzstätte; das Wort ist arabischen Ursprungs (siccah = Gepräge) und durch die Kreuzfahrer nach Venedig gekommen.

84